**教师队伍建设**

组织部高创计划教学名师项目
普通高等学校公共体育教材

# 田径运动教程

李建臣　王永安　文世林　主编

化学工业出版社
·北京·

图书在版编目（CIP）数据

田径运动教程/李建臣，王永安，文世林主编．—北京：化学工业出版社，2018.9（2024.10重印）
ISBN 978-7-122-32429-0

Ⅰ.①田… Ⅱ.①李…②王…③文… Ⅲ.①田径运动-教材 Ⅳ.①G82

中国版本图书馆CIP数据核字（2018）第135659号

责任编辑：宋　薇　　　　　　　　　　　　装帧设计：张　辉
责任校对：宋　夏

出版发行：化学工业出版社（北京市东城区青年湖南街13号　邮政编码100011）
印　　装：北京虎彩文化传播有限公司
787mm×1092mm　1/16　印张11　字数278千字　2024年10月北京第1版第8次印刷

购书咨询：010-64518888　　　售后服务：010-64518899
网　　址：http://www.cip.com.cn
凡购买本书，如有缺损质量问题，本社销售中心负责调换。

定　　价：49.80元　　　　　　　　　　　　　　　　　　　版权所有　违者必究

# 前言
## FOREWORD

田径是全民健身中最为普及的运动项目之一，又是竞技体育中的金牌大户。因此，广泛开展田径运动，努力提高田径运动竞技水平，无论对我国体育强国战略的推进，还是对全民健康战略的实施，都有着重要的意义。本教材的适用对象为普通高校非体育专业的大学生，教材内容包括理论篇、重点项目篇、一般项目篇、介绍项目篇、拓展篇等五部分。教材结合非体育专业大学生的特点，融入了新的理论知识、新的教学方法和新的训练手段，使非体育专业大学生通过对本教材的学习，了解与熟悉田径教学训练的理论与实践。

本教材由李建臣、王永安、文世林担任主编，谭正则、李幸幸、庞博、任越担任副主编。参加各章编写人员有：田径运动概述（李建臣）、田径运动技术原理（朱军、谭正则、李玲君）、田径运动教学理论与方法（庞博、李文冰、王丹彤）、田径运动竞赛组织（张晓萌）、田径运动场地（刘艳婷、张晶）、短跑4（王永安、李英实）、跨栏跑（文世林、王丽霞）、跳远（任越、崔玉聪）、跳高（李幸幸、张明慧）、铅球（刘彧秀、许可）、标枪（闫娟、李亚男）、接力跑（顾波波）、中长跑（常帅）、三级跳远（肖欢欢）、竞走（白广娜）、障碍跑（李娜娜）、马拉松（颜桂平）、越野跑（宋杰峰）、撑杆跳高（方媛）、铁饼（陈翩翩）、链球（匡仁星）、全能运动（杨阳）、体能锻炼与健身运动（何瑞华、常丽超）。全书由李建臣、王永安、文世林统稿校订，由李建臣最终定稿。

作者单位为首都体育学院的有：李建臣、文世林、谭正则、任越、庞博、李幸幸、刘彧秀、宋杰锋、顾波波、方媛、匡仁星、陈翩翩、刘艳婷、张晶、崔玉聪、许可、李亚男。其他作者单位分别为：王永安、李英实（西华师范大学）；朱军（西直河小学）；李玲君（文汇小学）；李文冰（成都文理学院）；王丹彤（河北师范大学）；张晓萌（旧宫实验小学）；王丽霞（石家庄学院）；张明慧（北京市第八中学）；颜桂平（北京城市学院）；杨阳（北京市陈经纶中学民族分校）；何瑞华（河北工程大学）；常立超（河北科技师范学院）；闫娟（天津市瀛海学校）；常帅（首都师范大学）；肖欢欢（洛阳职业技术学院）；白广娜（草桥小学）；李娜娜（长育中心小学）；方媛（朗悦学校）。

由于作者水平有限，书中难免存在不足之处，欢迎广大读者批评指正。

编 者

# 目录
## CONTENTS

## 理论篇

第一章　田径运动概述……………………………………………………002
第二章　田径运动技术原理………………………………………………007
　　第一节　跑的技术原理………………………………………………007
　　第二节　跳跃技术原理………………………………………………010
　　第三节　投掷技术原理………………………………………………014
第三章　田径运动教学理论与方法………………………………………018
　　第一节　田径教学的一般规律………………………………………018
　　第二节　田径运动教学方法…………………………………………020
　　第三节　公共体育田径教学特点及注意事项………………………022
第四章　田径运动竞赛组织………………………………………………026
　　第一节　田径运动竞赛的组织与编排………………………………026
　　第二节　田径运动竞赛的裁判工作…………………………………030
第五章　田径运动场地……………………………………………………037
　　第一节　田径运动场地平面图………………………………………037
　　第二节　田径运动场地的设计与布局………………………………040
　　第三节　田径运动场地的丈量与画线………………………………043

## 重点项目篇

第六章　短跑………………………………………………………………050
　　第一节　短跑项目的发展概况………………………………………050
　　第二节　短跑技术……………………………………………………052
　　第三节　短跑技术教学方法与手段…………………………………054

|  |  |  |
| --- | --- | --- |
| 第四节 | 短跑训练方法与手段 | 054 |
| 第五节 | 短跑易出现的错误动作、产生原因及改进措施 | 058 |
| 第六节 | 短跑比赛赏析 | 060 |

## 第七章　跨栏跑 061

| 第一节 | 跨栏跑项目介绍 | 061 |
| --- | --- | --- |
| 第二节 | 跨栏跑技术 | 061 |
| 第三节 | 跨栏跑技术教学方法与手段 | 064 |
| 第四节 | 跨栏跑训练方法与手段 | 066 |
| 第五节 | 跨栏跑常见错误动作、产生原因及改进措施 | 068 |
| 第六节 | 跨栏跑比赛赏析 | 070 |

## 第八章　跳远 071

| 第一节 | 跳远运动的项目介绍 | 071 |
| --- | --- | --- |
| 第二节 | 跳远技术 | 072 |
| 第三节 | 跳远技术教学方法与手段 | 074 |
| 第四节 | 跳远训练方法与手段 | 077 |
| 第五节 | 跳远教学中易出现的错误动作、产生原因及改进措施 | 083 |
| 第六节 | 跳远比赛赏析 | 087 |

## 第九章　跳高 088

| 第一节 | 跳高运动发展概况 | 088 |
| --- | --- | --- |
| 第二节 | 背越式跳高技术 | 089 |
| 第三节 | 背越式跳高技术教学方法与手段 | 090 |
| 第四节 | 背越式跳高训练方法与手段 | 093 |
| 第五节 | 教学中易出现的错误动作、产生原因及应对措施 | 097 |
| 第六节 | 跳高比赛赏析 | 099 |

## 第十章　铅球 100

| 第一节 | 铅球项目的发展概况 | 100 |
| --- | --- | --- |
| 第二节 | 推铅球技术 | 101 |
| 第三节 | 推铅球教学方法与手段 | 104 |
| 第四节 | 推铅球训练方法与手段 | 105 |
| 第五节 | 推铅球常见错误动作、产生原因及改进措施 | 108 |
| 第六节 | 推铅球比赛赏析 | 109 |

## 第十一章　标枪 111

| 第一节 | 标枪运动的发展概况 | 111 |
| --- | --- | --- |

第二节　掷标枪技术……………………………………………………112
　　第三节　掷标枪技术教学方法与手段……………………………………113
　　第四节　掷标枪训练方法与手段…………………………………………119
　　第五节　教学中易出现的错误动作、产生原因及改进措施……………121
　　第六节　掷标枪比赛赏析…………………………………………………122

## 一般项目篇

第十二章　一般项目…………………………………………………………124
　　第一节　接力跑……………………………………………………………124
　　第二节　中长跑……………………………………………………………129
　　第三节　三级跳远…………………………………………………………134

## 介绍项目篇

第十三章　介绍项目…………………………………………………………142
　　第一节　竞走………………………………………………………………142
　　第二节　3000m障碍跑……………………………………………………145
　　第三节　马拉松……………………………………………………………147
　　第四节　越野跑……………………………………………………………149
　　第五节　撑竿跳高…………………………………………………………151
　　第六节　掷铁饼……………………………………………………………153
　　第七节　掷链球……………………………………………………………155
　　第八节　全能运动…………………………………………………………157

## 拓展篇

第十四章　体能锻炼与健身运动……………………………………………160
　　第一节　体能训练概述……………………………………………………160
　　第二节　体能锻炼课的安排………………………………………………161
　　第三节　体能锻炼计划的制定……………………………………………169

# 理论篇

# 第一章
# 田径运动概述

## 一、田径运动的概念

　　田径运动的形成和发展是一个长期的过程，发展历程中与地域、民族和国家的文化紧密地联系在一起，由于各国对田径运动理解和分类的不同，导致了许多国家对田径运动有着不同的命名。在英国叫 ATHLETICS，法国叫 Athlétisme，都是体育运动的意思，泛指走、跑、跳、投掷等多项含义；在德国叫 LEICHTATHLETIK，苏联叫 ЛЕЗКАЯАТЛЕТНКА，都是轻竞技的意思，这主要是同举重、摔跤等运动项目相比较而言；在日本叫陆上竞技，这与游泳、水上、雪上和空中（跳伞）等项目相区别而命名；在美国叫 TRACK AND FIELD，中国叫田径运动，都是以项目的特点为依据命名的。关于田径运动概念的定义又有着不同的表述，我国体育学院统编教材《田径》定义为："田径运动是由男女竞走、跑、跳跃类和投掷40多个单项以及由跑、跳跃、投掷部分项目组成的全能运动。"国际田联章程对田径运动所下的定义为："田径运动是由田赛、径赛、公路赛、竞走和越野赛组成的运动项目。"

　　"田赛"是以高度和远度计算成绩的，它是指在跑道所围绕的中央或邻近的场地上进行的跳跃和投掷项目，"径赛"是以时间计算成绩的，它是指在跑道上进行的短跑、中长跑、跨栏跑、障碍跑、接力跑、定时跑以及竞走等不同距离、不同形式的项目。"公路赛"是在公路上进行的，它要求路面平坦、交通安全且距离的测量允许本项规定范围内的误差。这类项目，如马拉松、公路接力赛、马拉松接力赛、半程马拉松赛等，它可以在体育场内或体育场外比赛，体育场外的比赛必须是在公路上进行。根据惯例，该项目的计量单位要根据比赛的场地特点有所区别。"越野跑"必须在野外自然环境中进行且终点设在体育场外，比赛的距离没有严格的规定，根据可供选择的实地环境确定比赛路线。所有外场项目不设世界纪录，仅设世界最好成绩。

## 二、田径运动的功能与作用

### （一）田径运动的基础性

　　远在上古时代，人们为了获得生活资料，在与大自然和禽兽的斗争中，不得不走或跑相当的距离，跳过各种障碍，投掷石块和使用各种捕猎工具。在劳动中不断地重复这些动作，便形成了走、跑、跳跃和投掷的各种技能。走、跑、跳、投等动作是田径运动项目的基础技术，速度、力量、耐力等身体素质是田径运动的灵魂，两者缺一不可，众多体育项目的运动形式都是田径基本技术动作在特定条件下的不同组合，体育界流传着"得田径者得天下"的说法，因此，田径运动被公认为各项运动之母、之源、之本。2016年里约奥运会所有参赛运动员中有93%的运动员的训练都和田径项目的练习或者训练有关，田径运动能全面、有效发展人体的身体素质和基本运动技能，对其他各项运动技术的发展和成绩的提高都有较好的作用。实践证明，许多优秀运动员，特别是球类运动员，都有较高的田径运动能力和身体素质水平，田径运动水平也与一个国家的竞技体育地位有着非常密切的关系。

### （二）田径运动的教育性

田径运动可以塑造参与者的人格。立足生命存在，关注生命体验，呼唤生命活力，提升生命质量，这是现代教育性的基本内涵，也是田径运动义无反顾的责任。通过田径运动教学、训练和裁判竞赛工作的参与，能对学生和运动员进行爱国主义、集体主义等方面教育，并能养成积极向上，团结协作，不断拼搏的顽强意志品质。

### （三）田径运动的竞技性

田径运动是奥运会的重要组成部分，也是奥运会中金牌数量的第一大户。人们已把获得金牌的数量和一个国家与民族的政治、经济以及国家综合实力等联系在一起。世界各国优秀运动员在竞技场上以追求达到人类体能、技能极限为目的，不断创造优异成绩，并通过他们高超的运动技艺吸引人们的欣赏和赞叹，成为丰富人类物质文化生活的重要组成部分。

### （四）田径运动的健身性

经常从事田径运动，能促进机体的新陈代谢，改善与提高内脏器官的机能，是体形再塑和减肥的重要手段。田径运动可以增强肌肉力量，提高反应速度、动作速度、移动速度、发展柔韧和灵敏素质。田径运动的项目较多，锻炼形式多样，场地、设备和器材比较简单，练习时不易受到性别、人数、时间和季节等条件的限制，便于广泛开展。早在2500多年前古希腊埃拉多斯山崖上就刻写着"如果您想强壮，跑步吧！如果您想聪明，跑步吧！如果您想健美，跑步吧！"的格言。我国民间也流传着"没事常走路，不用进药铺"和"饭后百步走，活到九十九"的健康俗语。这充分说明了田径运动对于促进人体健康与长寿有着积极、现实的作用。田径运动是中共中央关于对"增强青少年体育，增强青少年体质"指示与"开展阳光体育运动"的最好实践途径。

### （五）田径运动的娱乐性

田径是竞技场上最古老、最具有魅力的传统运动项目，代表着人类追求生存、追求健康、追求人体与心灵的完美结合，代表着人类对过去的美好追忆、对未来希望的美好憧憬。世界最具影响力的体育项目是田径运动，这是由其特点所决定的。奥运会100m决赛，虽然只有极其短暂的一瞬间，却聚焦了全世界亿万人的目光，成为人类历史上最精彩、最激动、最煽情的一段。世界上规模最大的纽约国际马拉松赛，参赛者数万，出发时人潮涌动，排山倒海，波澜壮阔，场面之宏伟，规模之巨大，是其他项目无法比拟的。人们在欣赏精彩比赛的同时，也愉悦了身心。

## 三、田径运动的分类

田径运动包括走、跑、跳跃、投掷以及由跑、跳、投掷部分项目组成的全能运动项目，通常有国内外进行的成人各类竞赛项目和我国进行的少年甲组（16岁、17岁）、乙组（15岁）各类竞赛项目。被列为正式国际田径比赛的项目如下：

## （一）竞走

场地赛 5 公里、10 公里；公路赛 20 公里、50 公里。

## （二）跑

短距离跑：男子组 100m、200m、400m；女子组 100m、200m、400m。
中距离跑：男子组 800m、1500m、3000m；女子组 800m、1500m。
长距离跑：男子组 5000m、10000m；女子组 5000m、10 000m。
跨栏跑：男子组 110m 栏（1.067m）、400m 栏（0.914m）；女子组 100m 栏（0.84m）、400m 栏（0.762m）。
障碍跑：3000m。
马拉松：男子组 42.195 公里；女子组 42.195 公里。
接力跑：男子组 4×100m、4×400m；女子组 4×100m、4×400m。

## （三）跳跃

男女均为跳高、撑竿杆跳高、跳远、三级跳远。

## （四）投掷

铅球：男子 7.26kg，女子 4kg。
标枪：男子 800g，女子 600g。
铁饼：男子 2kg，女子 1kg。
链球：男子 7.26kg，女子 4kg。

## （五）全能

男子十项全能：第一天（100m、跳远、铅球、跳高、400m）
　　　　　　　第二天（110m 栏、铁饼、撑竿跳高、标枪、1500m）
女子七项全能：第一天（100m 栏、跳高、铅球、200m）
　　　　　　　第二天（跳远、标枪、800m）

# 四、田径运动的发展阶段

## （一）现代田径运动发展进入成形阶段

1896 年第一届现代奥林匹克运动会是现代田径运动发展的新起点，这一届奥运会只有 12 个项目，历经 20 年左右的增减，项目最多时曾达到了 32 个。这一阶段，人们主要是探索田径各个项目与人体活动的关系并努力使田径运动广泛开展起来。1912 年成立了国际业余田径联合会，特别强调"业余"二字，以说明田径运动的群众性。1914 年国际田联首次公布的世界纪录中，有 53 项男子赛跑、跨栏跑和接力跑纪录，30 项竞走纪录和 12 项田赛纪录，共计 95 项（未设女子项目），1924 年国际上成立了女子田径联合会，并得到了国际田联的承认。至此，女子田径运动项目开始进入世界比赛，1928 年第 9 届奥运会上正式成为奥运会比赛项目。由此可见，田径运动在雏形阶段追求的是群众参与得越多越好，项目设置得越多越好，重视田径运动的壮大与完善。

## (二)现代田径运动发展进入研究阶段

20世纪30～50年代是现代田径运动的初步发展阶段,受第一次和第二次世界大战的影响,田径运动的发展呈现出"起→落→起"的趋势。第一次世界大战后,许多国家的田径运动都有所恢复和发展,参加奥运会田径比赛的运动员开始增多,女子田径比赛项目不断增加,运动成绩不断提高。1930年承认电子计时成绩为世界纪录,1932年,首次采用1/100s计时,并增设了终点摄影,1936年开始使用"L"型栏架等。此后不断发明新型的田径器械,使科技发展与田径运动紧紧连在一起,逐步形成了现代田径运动的雏形。第二次世界大战使现代田径运动经历了战争和政治事件的考验,第12届(1940年)和第13届奥运会(1944)年受第二次世界大战的影响未能举行,世界田径运动的普及与提高都受到了严重影响。到了20世纪50年代,田径运动开始恢复和发展,世界田径运动成绩又出现了持续不断提高的大好局面,世界田坛出现了数位颇有影响的优秀运动员,如捷克斯洛伐克的长跑运动员扎托皮克创造了男子5000m和10000m的世界纪录,被体育界誉为"人类火车头"。这一时期的田径运动研究中,人们开始把注意力放在技术改进方面,田径运动技术变化较多。

## (三)现代田径运动发展进入全面系统研究阶段

20世纪60～80年代,田径各项技术已基本达到比较成熟的阶段,除跳高、推铅球姿势出现了革命化的背越式与旋转式外,其他各项技术总体结构已经基本定型,很少再有新型技术类型的出现。人们只是在技术水平基本相同的条件下,比体能、比自身技术的合理性和比赛中的水平发挥能力。因此,这一时期人们的研究重点转向了有关提高人体机能能力的研究领域。

苏联和其他东欧国家跻身世界田坛一流水平,在取得优异运动成绩的同时也带来了全新的训练理论和方法,提出了许多现代训练理论和方法。根据运动员机体在训练比赛过程中能量代谢的规律,提出了有氧训练、无氧训练、三从一大训练、爆发力训练、速度灵敏期训练、力量训练、耐力训练等。因此大运动量训练被普遍采用,尤其是强化力量训练,逐步提高训练的科学化程度,做到运动量定量化、训练综合化,并创造积累了许多发展身体素质的有效手段。田径运动技术的发展强调以速度为核心,不断完善和创新技术,训练更重视技术的合理性和规范化。田径运动发展进入了全面系统研究阶段,使运动员在比赛中将世界田径水平提高到了一个新阶段,如100m成绩突破10s,标枪成绩大幅度提高等。

## (四)现代田径运动发展进入科学化阶段

20世纪80年代至今,现代田径运动得到了进一步提高和发展,运动成绩达到相当高的水平。高科技领域的成果不断被引入到田径运动训练中,竞争异常激烈,许多国家和地区更加重视田径运动,开始对田径运动的选材、训练、恢复、营养食补、运动饮料、场地器械等诸方面进行综合研究。对大运动负荷的训练进行了更加深入的分析;提出了以强度、质量为主的机内保持平衡的训练理论;运用解剖学、生理学、运动医学、心理学、生物力学、生物化学等多种科学理论对田径运动的训练进行全面研究,使田径运动的竞技水平又大大地提高了一步。仅仅到了20世纪90年代,原有的世界纪录就几乎全部被刷新了。男子跳高从2.30m提高到2.45m,男子三级跳远达到了18.29m,男子100m达到了9.84s,女子100m从11.10s提高到10.49s等。截至2016年里约奥运会,男子100m提高到9.58s,男子200m也提高到19.19s,男子400m从43.18s提高到43.03s。这些成绩表明科学系统化的训练使田径竞技运动在探索人类能力的极限上一步步持续发展,这也进一步吸引了更多的人从事田径运动锻炼，也推动了田径运动的普及和开展。

## 五、田径运动的健身价值

田径运动的价值在于增强人的体质、促进身体健康水平、促进体育竞技运动的发展。田径运动健身的可行性较强，易于在群众中推广和普及，在我国当前经济不发达、人口基数大、体育设施不够完善的条件下，田径运动便成了广大城乡居民最适宜开展、最易接受的群众性体育项目。田径运动中运动量和运动强度可以根据练习者的不同年龄、性别、生理状况和心理状况等客观因素进行自我控制和调节，老少皆宜。因而田径运动有着其他体育运动无法比拟的特点和优势，运动过程具有较高的安全性，更容易在大众中开展和普及。现代社会中，不同的国家和民族无一不重视田径运动的健身价值。研究和探讨田径运动健身的科学原理具有重要的人类学意义，尤其是对于人体健康与长寿具有更积极、更现实的作用。

### （一）提高人体基本运动能力和生存能力

田径运动可以提高人的基本运动能力和生存能力。原始人类为了预防和抵抗野兽与同类其他民族的侵袭，必须具有很强的奔跑、行走、跳跃和投掷能力。可以说，田径运动既是一种生存能力，又是发展这种生存能力的有效方法。通过田径运动可以改善和提高人体各器官系统的机能，使人的生命力更加旺盛，基本运动能力更强。

### （二）预防疾病、延长人类寿命的作用

经常性地从事田径运动，可以防治各种疾病（如感冒、肠胃病、神经衰弱、气管炎、肺炎等），可以有效地维持和提高人体各种生理机能，使人体各器官系统不受疾病的困扰，延缓衰老，健康长寿。如长距离跑可增强心脏和呼吸系统能力。因为长跑是在人体有氧的情况下进行的，运动中消耗的能量较大，大部分能量来源于肝糖原、葡萄糖和脂肪的分解，所以适量的长跑对提高人体的一般耐力水平、抗疲劳能力以及防止体内脂肪过多堆积有着积极的作用。

### （三）提高人体的适应能力和人体的抵抗力

"物竞天择，适者生存"自然环境的不断变化对人体健康有着非常大的影响，特别是现代工业高速发展的今天，许多生态环境遭到破坏，使人体很难适应这种变化。如果能经常性地参加田径运动，可以提高人体耐寒、耐高温和抗病毒的能力，增强人体的免疫力和抵抗力。

### （四）促进心理健康，增强人际关系

长期处于工作繁忙、精神紧张、情绪异常的环境中，选择一个合适的环境进行散步或跑步等田径运动时，往往可以使人心情舒畅，精神愉悦，调节人的某些不良情绪和心理，改善人的情绪状态，增加人的运动体验。经常性的参加跑步运动，可以预防许多心理疾病，排除各种心理障碍，使人保持良好的心理状态，促进心理健康。多人参加田径运动锻炼的同时，创造了良好的沟通和交际渠道，增进了人与人之前的情谊和友谊，促进了社会的文明发展，同时继承了优秀文化传统。

### （五）促进人体形态发展，塑造健美形体

田径运动可以全面影响人的身体。参加田径运动，能使全身各部位都得到锻炼，起到减肥、控制体重的作用；可以更好地促进各部位肌肉的线条美和健康美；可以很好地调节人体新陈代谢，增强皮肤弹性；还可以有效地发展肌肉和骨骼系统的机能，使人体产生更具魅力的姿态美和形体美。所以，田径运动是一种有效的健身和健美手段。

# 第二章
# 田径运动技术原理

## 第一节 跑的技术原理

### 一、跑的时期和阶段划分

跑步的一个周期是由一个复步（即跑两步）构成的，它经过两个支撑时期和两个腾空时期（图2-1）。

| 跑的时期划分 | | | | |
|---|---|---|---|---|
| | 支撑时期 | 腾空时期 | 支撑时期 | 腾空时期 |
| 跑的阶段划分 | | | | |
| 右腿 | 前支撑阶段 / 后蹬阶段 | 后摆阶段 | 前摆阶段 | |
| 左腿 | 前摆阶段 | | 前支撑阶段 / 后蹬阶段 | 后摆阶段 |

图2-1 跑的时期和阶段划分

支撑时期：从脚着地瞬间起到脚离地瞬间止。

腾空时期：从脚离地瞬间起到另一脚着地瞬间止。

支撑时期分为前支撑和后蹬两个阶段：前支撑阶段（着地缓冲阶段）：从脚着地起到身体重心移到支撑点的垂直上方为止；后蹬阶段：从身体重心移过支撑点的垂直上方到脚蹬离地面为止。

腿的摆动时期分为后摆和前摆两个阶段（图2-1）。

后摆阶段：从脚蹬离地面起到大腿垂直于地面为止；前摆阶段：从后摆结束到脚着地

为止。

按照全程跑技术特点，通常将跑的项目划分为起跑、起跑后的加速跑、途中跑、冲刺跑四个阶段，其中途中跑的段落最长，对跑的成绩影响也最大。

## 二、影响跑的因素

影响跑速的因素是步长和步频。跑速是步长和步频的乘积。步长是身体每一步通过的距离。步长由三部分组成，即后蹬距离、腾空距离、落地缓冲距离（图 2-2），后蹬距离是蹬地脚离地瞬间，身体重心超过蹬地脚脚尖的水平距离，这一距离的大小是由运动员的腿长，尤其是腿内侧长以及髋关节动作幅度的大小和蹬伸时的身体姿势等因素所决定。腾空距离是腾空中身体重心通过的水平距离。这一距离的大小取决于四种因素，即离地时的速率、角度、高度及空气中阻力的影响。其中蹬离地面时的

图 2-2　步长的构成

速率是最重要的因素。着地距离是着地瞬间摆动腿的脚尖超过身体重心的水平距离，这一距离的大小与着地的方式相关，如果为了增加着地距离而减小腿前摆着地，将会造成较大的制动性，其反作用力的结果会使前进的速率降低。因此说，着地距离的潜力是极小的。腾空距离是组成步长的最主要部分。后蹬力量的大小是步长的动力。蹬地瞬间的速率对腾空距离的大小起着决定作用。

步频是指在一定时间内所跑的步数，或是一个步幅所需要的时间。这段时间由支撑时间和腾空时间组成。在疾跑中，每一步脚与地面接触的时间较长，在接近最高速时，脚与地面接触的时间缩短。一般来说速度快的短跑项目步长较大，中长距离项目步长较短。中距离跑的步长大约为 1.5～1.8m，而短距离跑的步长在 2.1～2.6m。比较优秀的短跑运动员，百米跑约用 47～49 步。速度可达到 11m/s。频率一般在每秒钟跑 4.5～5 步。

## 三、影响跑动的力

### （一）内力

人体各部分相互作用下产生于身体内部的力，叫人体的内力。人体的内力主要有：

（1）组织器官的被动阻力。包括骨的阻力；关节、韧带和筋膜的阻力；内脏器官部位的阻力以及相互间的摩擦力等。

（2）肌肉的拉力。肌肉承受着人类有目的的运动。肌肉在神经的支配下兴奋，兴奋的肌肉改变长度，张力发生变化，从而引起人体的机械运动。

肌肉工作能力的大小主要表现在人体肌肉收缩速度的快慢和肌力的大小。它与神经系统的机能状态，肌肉生理横断面的大小，肌肉收缩前的初长度，肌肉工作时血液的供应状况，肌肉中内含物，包括糖原磷酸肌酸的多少，以及酶的活动能力，肌肉力臂的长短等有关。

### （二）外力

人体与外界物体相互作用时，外界物体对人体的作用力。

#### 1. 反作用力

跑步时脚后蹬产生作用于地面的力的反作用力。后蹬力的方向和大小决定反作用力的方

向和大小，推动人体向前。落地缓冲时，由于反作用力的方向与跑动的方向相反，因此，一般情况起到阻力的作用，脚着地时应积极扒地，目的在于减小这种制动作用。

### 2. 重力

它是地球对物体的吸引力。重力作用于重心，一般来说，重力对跑步起阻力作用，必须克服重力才能使人运动。在起跑和下坡跑中，起着牵引人体向前的作用，因而起跑及起跑后的几步，上体的前倾应该较大。

### 3. 空气阻力

跑的过程中，人体受到空气阻力的影响。一般情况下，它阻碍人体向前运动。顺风情况下，空气流动方向和人体运动方向一致，使空气阻力减小。逆风跑时阻力大，影响跑的成绩。如在2m/s的风速中跑100m，顺风成绩10.04s，有利0.16s；逆风成绩10.40s，不利0.20s；无风天气应为10.20s。田径规则规定，在顺风情况下，风速超过2m/s时，所创造的200m和200m以下的径赛记录不予承认。

### 4. 摩擦力

人在跑动时，脚与地面的接触受到一个阻碍运动的力，这个力是摩擦力。起跑时为了控制腿的有效用力角度，并且防止运动时脚在地面上打滑，因而借用起跑器装置。运动员穿上带钉的运动鞋，也是为了有效增加摩擦力以便于脚的后蹬。

## 四、跑时肌肉协调工作的意义

在跑步时，经常会强调跑时动作要放松，意思并不是不用力，而是肌肉要协调工作，该收缩的肌肉收缩，不该收缩的肌肉要放松，跑步时肌肉是否协调工作取决于运动员神经系统的状况，因为肌肉工作是由神经系统支配的，是由大脑皮层细胞相应的兴奋和抑制的影响而产生的，当某一部分肌肉工作时，相应的神经部位兴奋，如果该兴奋的肌肉部兴奋，不该兴奋的肌肉兴奋了，则产生了肌肉工作不协调，动作就会紧张而费力，工作效果减低。

所谓不紧张的跑在短跑中特别困难，短跑时步频较高，大脑皮质兴奋转换为抑制过程就要特别快，而这种大脑皮层中神经过程活动的规律通过系统的训练是可以改善和提高的。

## 五、跑时的呼吸运动

在大的强度和长时间的肌肉活动情况下，人能否达到高度的运动成绩，很大程度上取决于心脏器官的活动情况如何，这和在单位时间内通过肺部的空气量有关系，也就是在良好的血液循环和物质代谢平衡的条件下，才能有效地进行肌肉活动。人体内部的中枢神经系统、心脏血管系统等协调地工作，对提高跑的成绩有很大帮助。

人体在剧烈运动时，由于运动开始阶段内脏器官的活动能力落后于运动器官的需要，往往产生一种非常难受的感觉，此时感到呼吸困难，肌肉酸痛，动作迟缓，情绪低落，不愿意再继续运动下去，这种状态叫作"极点"。极点的产生是由于内脏器官的活动赶不上肌肉活动的需要，造成氧供应不足，大量乳酸之类物质的堆积，这些化学物质引起呼吸、心率急剧增加，血压升高，导致呼吸循环系统失调。这些失调的刺激传入大脑皮质，使运动中枢受到抑制，人体的动作变得慢而无力，协调性下降。极点出现后，凭着个人意志和毅力再继续坚持运动，随着机能的调节及内脏器官机能的改善，氧供应增加，乳酸的清除加快，植物性神经中枢的惰性得到克服，极点出现的现象及症状就会逐渐消失，生理过程将出现新的平衡。这种现象在运动生理学上称为"第二次呼吸"。此时呼吸变得均匀而加深，动作感到轻快，不舒适感逐渐消失。

## 第二节　跳跃技术原理

跳跃项目属于快速力量主导的非周期性运动。跳远、三级跳远、跳高和撑竿跳高为田径中的四个跳跃类项目。运动员越过的水平距离是跳远与三级跳项目成绩的体现形式，而运动员所越过的垂直高度体现着跳高和撑竿跳高项目的成绩水平。跳跃项目的运动特点是：人体在快速有节奏地助跑、起跳后，身体呈腾空运动，然后落地或落垫。腾空中身体重心的移动轨迹是一抛物线，抛物线的高度决定跳高成绩，抛物线的远度决定跳远成绩。跳高运动员的抛物线轨迹形状像陡峭的山峰，跳远运动员的抛物线轨迹形状则较为平缓。三级跳远运动员身体重心的轨迹为三个相连的平缓抛物线，其轨迹的总远度决定三级跳远成绩。撑竿跳高是一项人体借助撑竿的支撑在空中完成摆动、腾越过杆、推竿等一系列动作的项目，运动员的握竿高度和腾越高度决定了撑竿跳高的成绩。

### 一、跳跃高度和远度的构成

#### （一）跳跃高度的构成

跳高最终成绩 $H$ 由运动员离地时身体重心高度 $H_1$、腾起高度 $H_2$ 和杆上高度 $H_3$ 构成，跳高成绩由公式表示为：$H=H_1+H_2-H_3$（图2-3）。其中，离地高度 $H_1$ 取决于身高、体形和结束起跳时的身体姿势，身材高，下肢长的人，重心也高，这对跳高成绩极为有利。另外，运动员起跳时的身体姿态会直接影响身体重心的变化。例如，在起跳时两臂和摆动腿向上高摆，提肩，拔腰，整个身体充分向上的伸展，髋、膝、踝三个关节的充分蹬展，整个身体纵轴的垂直程度，这些都会影响身体重心的位置。$H_3$ 是运动员获得比赛成绩的主要组成部分，跳高成绩的高低主要由 $H_3$ 的大小所决定。$H_3$ 由起跳瞬间的腾起初速度和起跳角度所决定，起跳腾起初速度取决于运动员在起跳时将已有的水平分速向垂直分速转换的效果，以及在起跳时通过下肢用力蹬地获得地面反作用力的大小。起跳角度取决于运动员起跳时水平分速和垂直分速的比例。杆上高度 $H_3$ 取决于过杆时的姿势和合理的过杆动作与技术，即能否充分地利用身体重心腾起的高度来缩小 $H_3$ 的距离。

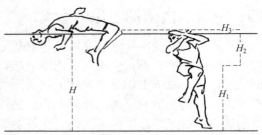

$H_1$——起跳结束瞬间身体重心距地面的高度；
$H_2$——起跳后身体重心实际腾起的高度；
$H_3$——身体重心最高点与横杆的距离

图2-3　跳高成绩 $H$ 的组成

总之，随着身体素质和助跑起跳技术的逐步提高与改进，不断地提高身体重心的腾起高度，同时根据补偿原理，合理地完成过杆动作，提高身体重心腾起高度的利用率，是提高跳高运动成绩的主要方向。图2-4所示是决定跳高成绩的诸因素。

#### （二）跳跃远度的构成

跳远项目的运动成绩主要由 $S_1$、$S_2$ 和 $S_3$ 组成，跳远成绩公式为 $S=S_1+S_2+S_3$。跳远成绩主要取决于身体重心腾空的水平位移距离 $S_2$，此外，在准确踏板的前提下，还应考虑到腾空前身体重心距离起跳线的水平距离 $S_1$ 和落地前伸腿的距离 $S_3$（图2-5）。

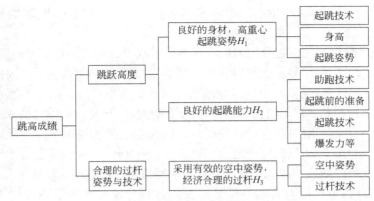

图 2-4 决定跳高成绩诸因素框架图

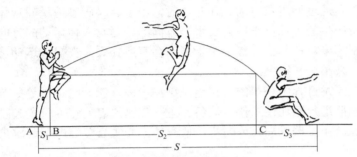

$S_1$——起跳结束瞬间,身体重心垂直投影点距起跳线的距离;
$S_2$——起跳腾起后,身体重心腾空的水平位移距离;
$S_3$——落地前身体重心在起跳结束腾起瞬间同一水平位移位置时的垂直投影点到双脚落沙坑最近点的距离。

图 2-5 跳远成绩的组成示意图

从图 2-5 所示可以看出,身体重心的腾空远度 $S_2$ 在跳远成绩中占有很大比重。因而,不断提高身体重心的腾空远度,是提高跳远成绩的主要方向。有关研究资料指出,跳远腾空远度 $S_2$ 约占跳远成绩的 86%,其他两个远度($S_1$ 和 $S_3$)约占成绩的 14%。三级跳远与跳远很相似,身体重心在三跳中的腾空远度是组成运动成绩的主要部分。

## 二、决定腾空高度和腾空远度的主要力学因素

按物体的斜抛原理,某物体以一定的角度抛向空中且抛射点和落点在同一水平面时,其腾空高度 $H$ 为腾起初速度平方和腾起角正弦平方之积,与两倍重力加速度之比;其腾空远度 $S$ 为腾起初速度平方和两倍腾起角正弦之积,与重力加速度之比,用公式表示,分别是

$$S=\frac{V_0^2\sin2\alpha}{g} \qquad H=\frac{V_0^2\sin^2\alpha}{2g}$$

式中,$H$ 为腾空高度;$S$ 为腾空远度;$\alpha$ 为腾起角;$g$ 为重力加速度;$V_0$ 为腾起初速度。

从抛射运动公式可以看出,决定抛物线高度和远度的主要因素是腾起初速度和腾起角度。

田径运动跳跃成绩,虽然表现在运动员所腾越的远度或横杆的高度上,但实质是个速度问题。运动员通过助跑起跳,身体按一定方向腾起时,腾起角度一定,若腾起初速度越大,跳跃运动成绩则越好。

### (一)腾起初速度 $V_0$

腾起初速度 $V_0$ 是由助跑所获得的水平速度和起跳时所产生的垂直速度所合成的,它的

大小与运动员的身体能力和技术水平有着密切的关系。一般来说，助跑结合起跳的速度越快，腾起速度也就越大。

跳跃项目中有高度和远度之分，因此，各项目对水平速度和垂直速度的要求也有所不同。在高度项目中，为了取得尽量高的跳跃高度，垂直速度就显得尤为重要。因此，跳高运动员在获得一定水平速度的情况下，应尽可能地获得最大的垂直速度，所以助跑水平速度一般为 7～8m/s。远度项目则是要求运动员取得尽可能远的远度，这样，起跳时的水平速度是决定远度的关键。因此，跳远起跳时，在保证获得适宜的垂直速度的情况下，应尽可能地加快水平速度。所以，优秀跳远运动员的助跑速度一般为 10～11m/s。水平速度与撑竿跳高成绩的关系也十分密切，在撑竿跳高中，助跑速度直接影响着撑竿的向前运动和竿上人体的动作速度。

起跳结束时身体重心所具有的水平分速度和垂直分速度决定了腾起初速度的大小和方向。因此，这两个分速度值的大小，直接着影响跳跃的高度和远度。

起跳水平分速度主要是通过助跑获得的。在起跳时，由于起跳脚着地瞬间身体重心尚处于支撑点的后上方，它所产生的支撑反作用力在水平方向的分力与人体运动的方向相反，因此，从助跑中获得的水平速度，在起跳过程中由于抵消会有所损失，在提高运动员起跳技术的过程中应通过练习适当减小这一损失。

起跳垂直分速度是在起跳过程中获得的。在起跳缓冲阶段，髋、膝、踝等关节成弹簧似的压缩状态，起跳工作肌群进行退让性工作，储备能量；在紧接着的蹬伸阶段起跳肌群由退让工作快速转变为克制性工作，爆发性释放能量，使身体重心垂直分速度在起跳离地瞬间达到最大值。

跳跃运动的高度项目，应在充分发挥和有效利用水平速度的情况下，努力创造尽可能大的垂直分速度；跳跃运动的远度项目，应在取得合理垂直速度的情况下，努力创造尽可能大的水平分速度。

## （二）腾起角

运动员起跳脚蹬离地面的瞬间，身体重心的腾起方向与水平线之间的夹角称为腾起角，腾起角的大小与腾起时身体重心的水平速度和垂直速度的大小相关。根据抛射理论公式，高度项目的腾起角在 90°，远度项目的腾起角在 45° 时，可获得最佳的抛射高度和远度。但是，在运动实践中并非如此。跳高运动员起跳后还需要有一定的水平速度，以保证身体顺利越过横杆。研究结果表明，跳高的助跑速度应不断提高，因为快速助跑所获得的动量，可以在起跳时加大起跳腿支撑用力的作用，从而提高起跳功率。因此，在跳高界，近年来愈发重视发挥与利用助跑的水平速度，以增加起跳效果的训练。如果纯理论地追求 90° 的腾起角，则势必极大地限制助跑水平速度的发挥和利用，影响起跳的效果。

跳远中，人体的最大助跑水平速度可达到 11m/s，但垂直速度远远达不到这一水平，若单纯地追求理想的 45°，就必须降低水平速度，这将使跳远远度受到很大影响。从跳远的运动实践和发展方向看，加快助跑速度，起跳时在尽可能减小水平速度损失的前提下，努力获得尽可能大的垂直速度，是提高远度的有效途径。

在跳跃项目中，根据各项目的特点保持适宜的腾起角度，重视和提高腾起初速度，才能获得理想的腾空高度和远度。

## 三、起跳的力学机制

起跳是人体在快速向前运动的条件下，身体与地面发生的一次碰撞，接着以积极的蹬伸动作使人体腾起。这两个过程有着完全不同的肌肉用力特性：在碰撞时期肌肉完成退让性工作（肌肉的离心收缩），在蹬伸时期肌肉完成克制性工作（肌肉的向心收缩）。这两个过程既有区别，又相互联系，两者结合在一起组成了起跳的整体用力形态。

在起跳过程中会出现以下的力：

（1）冲击力。起跳时脚掌触及地面瞬间，会出现十分短暂的冲击力，它对身体重心的运动无积极作用。因此，学生应避免刻意让起跳脚对地面发起冲击，出现跺脚动作。

（2）缓冲时对地面的压力。当学生起跳腿的脚掌着地后，身体按惯性向前运动，迫使起跳腿弯曲，伸肌被迫拉长而完成退让性工作，在这一阶段身体给地面的压力增大。其作用在于有效拉长起跳腿的伸肌群，以便更好地利用肌肉弹性，为完成快速有力的蹬伸动作创造条件。

（3）制动力。进行快速起跳时，在起跳的前一部分，会出现很大的制动力。这是因为身体重心距脚掌落点的水平距离较大，支撑反作用力的水平分力与运动方向相反，起着阻碍身体向前运动的作用。起跳中制动力是不可避免的，但过大的制动力会导致水平速度与能量的大量消耗，影响起跳效果。运动速度越高，跑道表面越硬，制动力带来的副作用越大。

（4）蹬伸力。蹬伸是推动身体运动和创造运动速度的主要阶段。在蹬伸过程中，随着髋、膝、踝三关节的充分伸展和提肩拔腰动作，身体对地面的压力迅速下降，同时身体重心的向上运动速度很快提高。当蹬伸动作结束时，运动员身体离开地面，为获得高的运动速度，快速完成蹬伸动作十分重要。肌肉被动拉长时所积累的能量，能加速肌肉快速有力的收缩。同时，由于摆动腿与双臂摆动动作的突然停止，其动能也会传递给身体的其他部分，从而达到加速完成蹬伸动作的目的。

（5）起跳中摆动动作的摆动力。起跳中摆动腿的摆动动作与起跳腿的用力动作是密切配合的。当起跳腿着地瞬间，摆动腿与双臂积极加速摆动动作，它们产生的摆动力有助于减轻起跳腿着地瞬间的冲撞；当摆动腿和双臂转为向上加速摆动时，它们产生的摆动力有助于加大对起跳腿的压力，提高了用力肌群的紧张度，为增大肌肉的收缩力量与速度创造了条件；当摆动腿与双臂的向上摆动开始减速至停止摆动时，它们产生的摆动力又会由于带动作用减轻对起跳腿的压力，有助于起跳腿肌肉释放所积累的能量，并加速肌肉的有力收缩。同时，由于摆动腿与双臂摆动动作的突然停止，其动能会传给身体的其他部分，从而达到加速完成蹬伸动作的目的。

## 四、空中动作的基本理论

（1）身体重心运动轨迹不会被改变。当运动员起跳离开地面后身体重心在空中的运动轨迹无法改变。也就是说，人体在空中不能创造新的腾空高度或远度，而只能通过运用较为适宜的起跳技术，改变身体姿势，以助于越过更高的横杆或越过更远的水平距离。

（2）空中的补偿运动。当身体在空中没有支点时，肢体主动作用使某一部分下降，必然引起另一部分的升高，身体的这种运动叫补偿运动。跳高运动员利用补偿运动，将已过杆的身体部分下降，使正在杆上的身体部分上升，可达到充分利用腾空高度的目的。跳远、三级跳远运动员利用这一原理，来保持腾空阶段的身体平衡，推迟足跟触及沙面的时间和为下一次起跳或落地做好准备，以取得更好的成绩。

（3）身体在空中的转动。身体的转动在背越式跳高中是必需的，运动员在起跳腾空后，围绕纵轴和横轴转动至背卧于横杆之上，同时做相向运动，以改变身体和肢体的相对位置，使身体成"背弓"姿势和使整个身体各部位依次越过横杆。由于转动的动力来自于地面，过大的转动力矩对身体的腾空高度有不利的影响，而相向运动的动力则来自身体的内力，即肌肉的收缩，不会影响运动员的腾空高度。因此，背越式跳高技术中的补偿运动往往是由旋转和相向运动结合而成的。

身体在空中的转动速度则取决于转动的半径。当转动半径不变时，质点的线速度越大，其角速度也越大。当线速度不变时，转动半径缩短，则角速度增大；反之，转动半径加长，则角速度减小。

### 五、撑竿跳高和三级跳远的技术原理简述

撑竿跳高是运动员通过持竿助跑和插竿起跳获得动能，并借助于撑竿将动能转换为撑竿的弹性势能和人体的重力势能，从而将运动员送向高空腾越过杆的一项跳跃运动。

助跑是获得动能的主要阶段，在质量不变的情况下助跑速度越快，动能也就越大。在运动员助跑和插竿的技术稳定的前提下，动能越大，起跳后撑竿弯曲的程度越大，竿子与人向前上方摆动的速度越快，运动员增加握竿高度和腾越高度的可能性也就越大。由此可见，助跑速度是决定撑竿跳高成绩的基本要素。

插竿起跳是将助跑获得的速度转换为人体与撑竿向前上方摆动速度的关键阶段。在这一转换过程中，要设法减少水平速度的损失。悬垂摆体时，人体和撑竿形成复合钟摆的运动。当蹬离地面之后，运动员和竿子作为一个整体以竿头为支点，形成第一个钟摆；第二个钟摆是悬在竿子上的运动员以握竿点为支点所形成的身体摆动。这两个钟摆的摆动半径均按运动员身体姿势的改变而变化。

撑竿跳高腾空后的后继动作还有团身、伸展，引体、转体和推竿动作，运动员应在合理利用撑竿弹性势能的前提下，通过引体、转体和推竿时的积极用力，使人体向更高处腾起。

三级跳远是在高速助跑中，连续进行三次向前跳跃的运动项目。其运动成绩取决于三跳的总长度。每跳的长度又取决于每次起跳结束时所获得的腾起初速度和腾起角度，故前述跳远的技术原理也适应于三级跳远运动。

然而，三级跳远又有自己的特殊性，因而在应用跳远技术原理时，要充分考虑下列特性：

第一，在保证三跳合适比例和正确跳跃节奏的前提下，增加每跳的远度。

第二，保持三跳的直线性不仅能够维持空中的平衡、有效地发挥运动员的能力，而且对运动成绩也有直接的影响。

第三，三级跳远项目第一跳为起跳腿单足跳，单足跳对后面两条影响较大，因此，加大最后几步的助跑速度和起跳中的向前用力效果，适当减小腾起角度，是三级跳远第一跳的显著特点。

第四，身体在空中的平衡，对正确完成第二跳和第三跳的起跳有着重要的作用。同时，由于起跳中水平速度的损耗较大，所以要减小这两次起跳中的制动作用，从而更好地保持身体运动的水平速度。

## 第三节 投掷技术原理

田径比赛中的投掷项目有铅球、铁饼、标枪和链球。对于投掷类运动员，不仅需要具备良好的身体素质，还需要掌握合理专门的投掷技术。

### 一、投掷技术的基本力学原理

投掷运动属于斜抛运动（抛射运动），根据力学原理，斜抛物体的飞进距离的计算公式

为：$S=V_0^2\sin2\alpha/g$。

式中：$S$ 代表器械飞进距离；$V_0$ 代表器械出手时的初速度；$\alpha$ 代表器械出手角度；$g$ 代表重力加速度。

一般情况下，重力加速度 $g$ 为常数，故从上述斜抛运动公式中可以看出影响器械飞进距离的因素主要为器械出手时的初速度 $V_0$ 和角度 $\alpha$。但实际投掷项目中器械出手点和落地点不在一个水平面上，并且上述斜抛运动的公式是在真空实验条件下进行的。故现实中影响器械飞进距离的因素除了器械的初速度 $V_0$ 和角度 $\alpha$ 外，还受出手高度 $h$ 和气流 $p$ 的影响。

### （一）初速度对器械飞进距离的影响

根据斜抛运动公式可知，若抛射角度 $\alpha$ 一定，则初速度 $V_0$ 越大，器械飞进的距离就越大，并且飞进距离的增加是随初速度的平方值增加的。现实中运动员主要致力于通过提高器械出手的初速度增大器械飞进距离。

### （二）出手角度对投掷远度的影响

从斜抛物体的公式 $S=V_0^2\sin2\alpha/g$ 中可以看出，投掷角度是 45°时射程最远。但由于斜抛公式的前提是物体抛射点和落地点在同一平面上，所以现实中还存在器械出手点和落地点的连线与水平线的夹角（即地斜角）的问题。目前研究表明：铅球的出手角度在 36°～40°，链球在 42°～44°，标枪和铁饼在 30°～35°之间。

### （三）出手高度对投掷远度的影响

出手高度的大小取决于运动员的身高，臂长和出手时的正确的身体姿势。出手高度越高，投掷远度越远。举例来说，用同样的水平速度把小球从不同高度投出，可得出不同的投掷远度，如站在楼顶上与站在平地投。实际上，器械的出手高度与运动员的投掷姿势特别是左侧支撑用力动作密切相关，如左腿的向上蹬伸用力，即增加了垂直速度，又影响了出手角度。

### （四）空气对投掷远度的影响

总的来说空气对投掷远度起副作用，它是器械飞行的一种阻力。这种阻力的大小是由器械飞行的速度、器械形状和器械的冲击角度来决定的。器械飞行的速度越快，受到空气阻力越大，但是决不能因为空气阻力增大而减小器械的出手初速度。

## 二、投掷技术原理的应用

### （一）助跑

日常生活中，大家有这种体验，推一辆静止的小车，开始推时很费劲，一旦推起来再推就省劲多了，此时若给小车一个较大的力，小车就会飞跑起来。可见，物体具有预先速度是加速的有利条件。投掷运动也是这个道理，要想把器械投得更远，必须要依靠助跑使器械获得更大的初速度。

助跑是最后用力前，人体手持器械预加速的过程。四种投掷项目出手前滑步、旋转、投掷步等都是助跑。投掷项目的助跑形式尽管各不相同，但是其目的都是通过人体运动使器械获得适宜预先速度，并力争把这个速度毫不损失地过渡到最后的投掷动作中去，以使器械在出手时获得尽量大的初速度。助跑应该做到以下几点：

（1）助跑速度逐渐增加至身体素质与技术水平所允许的最大限度内的最大水平速度；

（2）助跑距离恰到好处，根据自身条件合理选择助跑距离。助跑动作合理，节奏明显；

（3）保持好身体的平衡。投掷项目的助跑都是在握持着器械的情况下进行的，在助跑中既要把器械控制在一定的位置，角度和方向，又要做出各种复杂的技术动作，容易失去身体平衡。因此，在助跑中必须根据动作要领，保持好头部的正确姿势和腿的正确摆动路线、方向和时机，以保持身体的平衡；

（4）保证做好投掷前的预备姿势；

（5）助跑与最后用力动作衔接自然、连贯。有研究表明，助跑对投掷项目成绩的提高幅度：铅球1.50～2.50m，铁饼为8～12m，标枪为20～30m，链球为20～25m（但不能以此评价运动员技术好坏）。

## （二）"超越器械"动作

"超越器械"动作，简单说，就是要使身体赶超到器械的前面，使器械尽可能处于支撑点的后面，从而保证达到尽可能长的工作距离。良好的"超越器械"动作应该做到：形成滑步、旋转或交叉步后下肢在前、上体和器械在最后用力前向后的倾斜姿势，铁饼和链球还应形成最大的扭转角和最小的拉引角；使器械所处的位置到出手点之间获得最长的工作距离；相关的肌肉群在生理限度内最大限度地拉长。

要做好超越动作还要注意：第一，转入最后用力时助跑的节奏性要好，要尽量缩短单脚支撑的时间。例如，投标枪时，最后四步的节奏应该是：嗒！嗒！嗒嗒；投铁饼和铅球时，右脚一落地，左脚就主动快落，进行积极有力的支撑用力，掷链球时，旋转的最后一圈，右脚要快速积极着地。第二，人体适当降低重心，用力阶段人体重心的变化是，由平到低再到高，由后到前。

## （三）建立一个稳固的支撑条件

投掷运动既然是在转动中通过力的作用把器械投出的，那么必然是靠提高转动的动量矩以增大力对器械的作用。根据动量矩守恒定理的原理，在外力矩等于零的情况下，动量矩不会变，也就是说在腾空中动量矩是保持守恒不变的。显然，没有牢固的支撑是不会增大动量矩的，这就是我们所强调的在投掷过程中，建立一个稳固的支撑条件的必要性。

左侧支撑用力动作指的是左脚、左腿、躯干到左肩部的连线（也有说到左头部的连线）的一系列支撑用力动作。其作用主要有三点：

（1）使最后用力时左侧呈相对固定状态，给肌肉有力收缩创造了一个有利条件。肌肉收缩一个很重要的条件就是一端固定，在投掷的最后用力当中，如果把左侧支撑用力动作固定住，必然给已被拉长的有关肌群进行强有力的收缩提供了良好的施力条件。

（2）根据"总动量转移"的原理，平动物体的动量（$mV$）和转动物体的动量矩（$I\omega$）都可以由物体的某一部分向另一部分转移传递。据此，投掷运动员有两种情况。其一，左腿快速蹬伸产生的蹬伸力，有助于运动员将全身的动量自下而上地快速传递给投掷臂，从而加快投掷臂动作来提高器械的初速度。其二，投掷的最后用力阶段，人体给器械以加速度，而器械的惯性正好背向投掷方向施于人体，造成人体向前的动量减小。在最后用力阶段，人体给器械的作用力越大，作用时间越长，则器械向人体的惯性越大，造成人体动量的损失越多。

（3）"直线运动制动"或叫"线速度制动"原理。可使人体总重心以上身体环节的速度大大加快。

## （四）最后用力

最后用力的顺序是要自下而上。其中要特别注意骨盆的运动，因为骨盆联结着躯干和下肢。最后用力时，骨盆的左端相对固定，促使右端（右髋）加快向投掷方向运动，必然造成髋横轴与肩横轴呈交叉扭紧状态，在此过程中，髋横轴牵引着肩横轴运动，当人体向前即将转成面对投掷方向时，骨盆右端的运动突然放慢，其动量上传加快了肩横轴的向前运动，加上人体的挺胸、振臂动作，最后肩横轴又超过了髋横轴，从而加快了器械出手时的初速度。

方向指的是正前，斜前上方、左、右等。投掷运动属于斜抛运动，无疑最后用力方向应该是斜前上方。形成这种正确方向是靠水平速度和垂直速度的有效的结合，水平速度来自助跑，垂直速度来自最后用力时支撑反作用力，上体抬起，振臂等一系列的动作。通过控制最后用力方向控制出手角度，从而增大投掷距离。

末节用力，主要是指脚腕、脚趾、手腕、手指在最后投出器械时的用力动作。这就要求我们在所有的投掷项目中，下肢一定要充分蹬伸，器械出手后脚后跟应呈提起后的竖直状态，手腕、手指在器械出手时一定要十分迅速地发力，器械出手后手腕、手指要表现出明显的施力后状态（铅球手腕、手指外屈外拨，标枪左内下旋，铁饼、链球左内上旋）。器械出手后的结束动作总的要求是：既要保证不犯规，又要保证使最后投掷动作不受影响为原则。

# 第三章
# 田径运动教学理论与方法

## 第一节 田径教学的一般规律

现代教育学认为，教学过程是对学生的知识技能、能力和体力、思想道德及意志品质的综合教育和全面发展的过程。基于现代教学论的观点，田径运动教学就是学生在田径教师有目的、有计划、有组织的指导下，积极、自觉地学习和掌握系统的田径基础知识、基本技术和技能，促进学生全面发展的一种实践活动。教学过程是教学活动的启动、发展、变化和结束在时间上连续展开的程序结构，就具体的田径课堂教学和单元教学而言，田径运动教学过程的概念有两个层面的含义：一是指以一节田径课为时间单位，从开始上课到下课的教学过程；二是指为完成一个田径教学单元或一个相对独立的田径教学课题的教学任务，从开始到结束的整个教学过程。

田径运动教学过程的本质与其他任何教学一样，不是一种单纯的认知过程，而是师生以交往互动、平等对话为表现形式的生命意义的实现过程，是生命力量呈现的过程，是师生对于生命内涵的体验过程。对学生而言，身体性活动的体验使学习进入生命领域，因为有了这种身体体验，知识、技能的学习，不再仅仅居于认知、理性范畴，而是扩展到情感、生理和人格等领域，从而使学习过程不仅是知识、技能增长的过程，同时也是身心和人格健全与发展的过程。在这一过程中，不仅要实现知识与技能的习得，更为重要的是理解生命的意义，积累对生命的体验，实现人生的价值。

所以，在田径运动教学过程中，要把握好田径运动教学和学生发展的关系，认识到两者相互依存、相互影响、相互促进、相辅相成，辩证统一。一方面，有系统、有组织的田径运动教学可促进学生个体发展；另一方面，学生发展又为实现田径运动教学任务提供了有利的条件。谨记：田径运动教学过程不仅是传授知识、技术的过程，也是形成学生的世界观与社会适应的育人过程。

## 一、田径运动教学的主要规律

### 1. 处理好教学与学生体能之间的关系

从运动训练学角度讲，田径运动属于体能类项目，受运动者身体素质水平制约较大。身体素质综合水平高，说明各种身体素质之间较为均衡，有好的运动基础；身体素质综合水平低，说明各种身体素质发展欠均衡，整体运动能力较差。所以，在田径运动教学中处理好教学与学生体能之间的关系。一方面，学生的体能水平是学习田径运动技术的基础；另一方面，田径技术的学习反过来又能促进学生体能水平的提高。

### 2. 处理好体能与课堂教学趣味性之间的关系

由于田径运动项目的体能特征，特别是跑类项目较少借助器械的缘故，使得人体运动呈现出单调、枯燥的心理特点。因此，如何通过教学内容的安排、教学方法与手段的变换、教学过程的控制、教学互动的设计等，调动学生学习田径运动的积极性和潜能，提高课堂教学的趣味性就变得非常重要。此外，为了提高趣味性，教学中可多采用游戏和比赛的教学方法。游戏与田径运动项目结合较为紧密，不论从走、跑、跳、投，还是从速度、力量、耐力、灵敏和柔韧等身体素质划分，包罗了庞大的田径游戏手段。这些丰富的教学内容与手段可以有效提高学生学习田径运动的积极性。

### 3. 处理好实效性和技术含量的关系

经济性和实效性是田径运动技术评定的标准，可测量性使得田径运动追求实效，规避任何不实用的花架子。无论径赛还是田赛，运动的结果均是可以量化的，径赛项目以时间来计算成绩、田赛项目以远度和高度来计量成绩。因此，田径运动的技术教学应遵循项目的这一评价规律，在教学中倡导粗线条的学习意识，在尽量节省体力的情况下收到较大的效益。

### 4. 处理好分解教学和完整教学之间的关系

根据田径运动的特点，不论是周期性项目还是非周期性项目，完整教学法应是田径运动教学较为常用的基本方法。在一个田径运动项目的教学单元中，一般用于分解的课时所占比例较小，而尽早进入完整技术动作的学习。总之，田径运动的体能性特点，缩短了学生分解练习的时间，相对延长了学生完整练习的时间，体现出田径运动教学方法完整性的特点。

### 5. 处理好教育价值和教育功能之间的关系

田径运动教学中蕴含着众多潜在的教育因素。田径运动包括走、跑、跳、投，项目众多，每一个运动项目均有其独特的价值与教育因素。如短跑的价值主要在于培养学生的竞争心理与拼搏的能力；耐久跑的价值主要在于培养学生的意志品质和长久运动中与自己寂寞对话的心理承受能力；跳远的价值主要在于培养学生一种果敢的心理品质与控制能力；跳高的价值主要在于培养学生征服横杆的勇气和精神；投掷的价值主要在于培养学生人与器材和谐统一的思想和人体力量与速度结合的能力。教师应在教学中充分利用所学项目的特点与价值，适时地对学生进行教育。

### 6. 处理好社会性和开放性之间的关系

除接力跑，田径运动项目以个体运动为本，显示出单打独斗的项目特征，跑类项目，运动者是在各自独立的固定跑道上前行；跳类和投类项目，运动者往往是在向前面的自己挑战，每一次试跳或试投都是在没有时空竞争对象的情况下进行，这样的运动方式，造成运动者较强的自我意识。

受教学条件所限，相对其他运动项目，田径教学一般在室外进行，开阔的田径运动场地赋予田径运动教学环境开放性的特点，为教学调控增加了难度。学生上课时容易受其他运动项目的干扰，尤其是与跑道内突沿之内的田赛场地进行的足球教学间的互扰，成为田径运动教学安全和干扰的主要问题。因此，教师要精心设计教学内容、教学组织、教学负荷等，并在教学过程中随时保持高度的注意，既要保证学生学习的安全，又要使出浑身解数，将学生的注意力吸引到田径运动教学上来，在有限的条件下保证高质量地完成田径运动的教学任务。

## 二、田径教学过程中要需注意的问题

（1）要转变单一的教学质量观，树立全面的教学质量观。学生掌握技术的情况和运动成绩确实是评价教学质量的重要标准，但不应是唯一的标准。

（2）转变单向的教学模式，树立双边的教学模式。传统的教学模式将教学主体定在了教师采用灌输式的教学模式，忽视了学生的主观能动性，应注重教师的教与学生的学很好的有机结合，给学生更多的探索学习的空间。

（3）培养学生运动实践能力和自学自练能力，要想很好的掌握田径技术和理论知识并很好地运用就必须提高实践的能力，培养学生自学自练的能力，这样学生由于自我探索学习，会加深他们对田径运动的兴趣。

## 第二节　田径运动教学方法

教学方法是教师教授与学生学习之间最主要的桥梁，是实现教学目的和任务的关键环节。田径运动有理论知识和技术的学习，据此将田径运动教学方法分为田径运动技术教学方法和田径运动理论教学方法，本节介绍几种主要的田径运动教学方法。

### 一、田径运动技术教学方法

#### 1. 分解教学法

分解教学法是指将某一田径项目分解成若干个技术环节，按照顺序教授每一个技术环节，学生学习达到一定程度后将技术环节连贯起来，掌握完整的技术。此种教学方法的优点在于能够把复杂的动作简单化并突出重点技术，学生容易接受学习。以跳远项目为例，跳远的技术动作分为助跑、起跳、腾空和落地四个环节。采用分解教学法先进行助跑技术的学习，再学习起跳技术，有序的教学，最后将四个技术环节串联起来，掌握完整的跳远技术。分解教学方法有以下几点要求：

（1）对于一个动作技术环节的划分要注意其之间联系，技术环节之间联系紧密并不破坏动作原有的技术结构。

（2）在划分技术环节时要使学生明白划分的阶段及其之间的联系，以便在练习时能够了解各个技术环节在完整的技术中的位置，并能够尽快掌握完整技术。

（3）分解法和完整法要合理的结合运用。因为分解教学法是将一个完整的技术划分为几个技术环节，因此分解教学法在运用的过程中时间不宜过长，还要注意每一技术环节的衔接，避免各个技术环节间相脱节。每个技术环节基本掌握后要连接起来完整的进行练习。

#### 2. 完整教学法

完整教学法是某一技术动作不分段落和阶段，以完整连续技术形式进行教学的教学方法。这一种教学方法能够有效地保证技术的完整，能够清楚地展示技术的连贯性和节奏，避免动作结构的破坏。其缺点是用于应该分解而不予分解的动作时给教学带来困难。运用完整教学法是应注意：

（1）此种教学方法并不是意味着一开始就要掌握完整的技术动作，而是通过完整的技术动作让学生对于某个项目有一个完整的技术概念，在完整的练习形式中，有不同的教学重点的要求。

（2）在运用此种教学方法时，一开始不应该要求学生动作的准确性，可以先要求学生掌握动作的基本结构以及动作的节奏，再进一步要求动作质量。

#### 3. 直观教学法

直观教学法是指在教学过程中借助感觉器官来感知动作的方法，包括教师的动作示范、借助教具、模型、网络教学视频等的演示。其中动作示范法是最常用的最重要的方法。教师通过对某一项目的动作示范，使学生能够清晰直接的了解动作形象、结构、要领和方法。直观教学法在运用时有几点要求：

（1）运用此种教学方法时的示范动作要正确规范，使学生形成正确的动作印象，并在示范时注意位置，常用的示范包括正面示范、背面示范、镜面示范和侧面示范。

（2）要有明确的目的，根据具体的教学情况进行教学，以确保学生能够感知到正确的技术动作。

#### 4. 化难求易教学法

化难求易教学法是指将复杂的技术动作简化降低难度，使学生容易掌握。有些项目技术复杂难度大、所用的器械较重，学生在最初学习时很难掌握正确完整的技术，运用这种教学方法能够有效地解决这一问题，此种教学方法可以采用以下几种方法来化解难度：

（1）降低高度和缩短距离：如跨栏跑可以缩短栏间距，跳高教学开始时可以降低横杆高度等。

（2）减轻重量：投掷项目如铅球铁饼等可以在最初练习时使用较标准器械轻的器械，使学生先掌握完整的技术，规范动作，再将器械标准化。

（3）辅助练习：在练习某一项目是运用其他器械降低难度。例如跳高时可以利用踏板，增加弹跳减轻学生过杆是的心理负担，同时规范技术动作。

#### 5. 纠正错误教学法

纠正错误教学法是学生在进行动作学习和练习时因为各种原因而产生错误，对产生的错误进行纠正以使其改正错误掌握正确技术的方法。因为教学内容、目的和要求的不同，学生自身的身体素质不同等原因，产生错误的原因也不尽相同，产生错误的常见原因是：

（1）学生自身的身体素质差。

（2）学生不认真听讲，不认真完成老师布置的练习任务，敷衍，会出现错误。

（3）学生不清楚所学习的动作技术概念。

（4）学生过于疲劳。

产生错误的原因很多，因此在运用此种方法是要注意：

（1）在准备课程教学时要注意动作技术的重难点，考虑哪些技术环节容易出现错误，了解学生的状况，有针对性地进行教学。

（2）在学生练习过程中要及时发现错误，分析产生原因，分清主次，对症下药。

（3）纠正错误的教学方法有很多种，例如语言提示、直接帮助、心理暗示、诱导、对比分析等，应该在教学过程中根据具体情况选择具体的方法。

## 二、田径运动理论教学方法

理论知识的学习也是田径运动教学中必不可少的一部分，通过对田径运动理论知识的学习能够了解田径运动整体的发展情况，也能更加深层次理解各项运动技术，为田径运动技术的学习奠定理论基础。下面介绍几种田径运动理论教学学方法。

### （一）语言教学法

语言教学法是教师通过语言讲授向学生传递知识，指导学生掌握教学内容进行练习的教学方法，包括讲解法、讲授法、讲述法和讲演法：

（1）讲授的目的要明确，要根据课的任务、内容、要求等进行教学。

（2）讲授的内容要正确，是讲授的理论知识能够与学生所学习的知识和内容想联系，由简到难循序渐进。教师在教授理论知识时既要具有全面性，也要抓住所讲授知识的重点难点及关键，有主有次的进行教授。

（3）讲授知识时要有启发性，可以通过提问学生等方法是学生的注意力集中，思维活跃，更加容易接受新知识。

（4）教授理论知识时要排除干扰，讲授时要围绕所要讲解的内容进行举例或拓展，避免过多的讲些与课本无关的内容。

## （二）反馈教学法

反馈教学法是指教师在教授理论知识时，学生有问题及时传达回教师，教师根据接收到的信息进行调控或控制学生对学习的自我强化的教学方法。反馈教学法有多种形式，课堂提问、随堂测验、单元测验、阶段考察、学期测验等都是反馈教学的形式。其中课堂提问是最可靠的，而且在教学中应用的也是最多的，但是耗时较多，了解的范围较小，考试的反馈能够节约时间，了解的范围相对较广。反馈教学法的特性包括以下几点：

（1）及时性。教师在教授田径运动理论知识时，学生要及时地将自己的问题反馈给老师，老师通过所得到的信息及时的调控学生的学习，使学生更好地吸收知识。课堂提问、单元检查、阶段考试等都能够体现出反馈教学的及时性。

（2）可靠性。在学习田径运动理论知识的过程中，学生提出的问题要具有实质性，要回答实际问题，可靠地反馈才能使得教师调控教学，保证教学顺利地进行。

（3）准确性。通过反馈教学法能够发现学生在学习过程中出现的问题，教师能够根据具体问题进行具体分析解决问题，似是而非的判断起不到调控的作用，而准确的作出判断能够使学生得到准确的回答。

这里所介绍的教学方法在理论的教学中运用的较多，以理论教学为主，但是不是绝对的，在技术的教学中同样可以用到。在田径运动教学的过程中理论教学和技术教学相结合能够达到事半功倍的效果。

## 第三节 公共体育田径教学特点及注意事项

田径运动是竞技体育的重要组成部分，是大众健身的基础选择，更是体育教学中不可分割的一部分。公共体育大学生的体育教学，是大学生运动方法、运动意识、运动习惯形成的重要平台，也是业大学生离校走向社会后终身体育思想培养的主要渠道。

## 一、公共体育田径教学特点

### （一）田径运动特点

田径运动是在跑、跳、投等日常身体活动的基础上发展起来的运动项目。田径运动种类繁多，对人体的各个环节锻炼全面。经常参加田径运动可以有效地提高参与者的力量、速度、耐力等体能素质，培养顽强的意志品质，养成良好的运动习惯，田径运动是各项运动的基础，也被誉为"运动之母"。田径运动看似简单，实际需要大量的训练和体能储备才能完成标准的技术动作。

## （二）公共体育运动特点

当代大学生体质逐年下降。这与公共体育大学生过分注重文化课学习，缺乏对体育运动重要性的认识有很大关系。并且公共体育大学生参加体育运动以兴趣为主，缺少在运动中出现疲劳，或者难以完成复杂技术动作时坚持下去的意志品质。

## （三）公共体育田径教学特点

### 1. 身体素质较差

非体育专业大学生与体育专业学生在身体素质上有着较为明显的差别，他们没有参加过长期的体育专项训练，力量、速度、耐力等体能素质都相对较差。在田径教学的过程中，过大的运动负荷会增加非体育生的疲劳感和挫败感，容易在学习田径的过程中产生畏难情绪。所以在公共体育田径教学中，要注意运动负荷的确定，既要因人而异又要循序渐进。

### 2. 对田径教学缺乏正确认识

对于公共体育大学生来说，参与田径教学往往是出于服从课程安排，可以在体育课和体测中取得好成绩。田径教学的场地通常在室外，风吹日晒，冬冷夏热，很容易让非体育生产生抵触心理。所以公共体育大学生认为上田径课只是为了"应付差事"，田径教学往往过于被动，在公共体育大学生的田径教学中，教师一定要注意尽量提高田径课的趣味性，让学生愿意主动的参与到田径教学当中。

### 3. 缺乏对体育运动系统的认识

公共体育大学生没有进行过体育项目的长期专项训练，难以对体育运动有系统的认识。在田径教学过程中，教师在指导和纠正学生技术动作的完成时，要注意采用通俗形象的教学语言与方法，让非体育生更容易理解。如在田径后踢腿跑的练习中（图3-1），动作要领应该为前脚掌扒地发力，这样的动作要领对于公共体育大学生来说过于专业，难以理解。在教学过程中可以用通俗的语言跟学生解释，发力的感觉像是蹭掉粘在脚底的口香糖。这样更加形象直观，可以让非体育生更容易领会动作要领。

图 3-1　后踢腿跑

### 4. 缺乏顽强的意志品质

田径运动是典型的周期性运动，在学习过程中难免需要一些重复单调的练习。公共体育大学生在面对这样的练习的时候，很容易产生厌倦的态度，缺乏坚持下去的顽强的意志品质。教师在教学过程中，一定注意多观察非体育生的情绪变化，在出现厌倦情绪的时候加以鼓励，培养学生顽强的意志品质。

## 二、公共体育田径教学注意事项

### （一）提高公共体育大学生对田径运动重要性的认识

公共体育大学生缺乏对体育运动的正确认识，认为田径课只是课程安排的一部分，学习过程过于被动。田径运动作为"运动之母"，可全面提高人体的各项体能素质，并养成正确的运动习惯。学好田径不仅仅是为了体育课的好成绩和体测的高指标，更是为其他运动项目打下良好的身体基础。明确田径运动的重要性，才能更好地发挥非体育生的主观能动性，提高非体育生学习田径的热情和愿望。

## （二）增加教学内容的趣味性

公共体育大学生与体育专业大学生不同，很难在高强度的重复训练中找到乐趣，一旦出现运动疲劳就无法坚持。提高教学内容的趣味性，用创造性的教学内容激发非体育生对田径的好奇心，充分发挥田径多元化的魅力，才能改变公共体育大学生对田径的片面认识，更好地推动高校田径课在公共体育大学生中的开展。

### 1. 更多的将体育游戏引入到公共体育大学生的田径教学中

体育游戏不仅具有游戏本身的趣味性、娱乐性等特点，更是能让公共体育大学生在游戏的过程中掌握运动技能，提高身体素质。通过体育游戏可以更好地调动学生学习的积极性，还能培养学生的创造力和思维应变能力。在田径这一相对单一枯燥的项目中，体育游戏的引入显得更加重要。在课堂的准备阶段可以抛弃传统的慢跑和徒手操而采用游戏的方式热身。在基本部分学习新动作的时候可以采用诱导性游戏，如在跳远学习时采用"看谁先落地"的游戏让学生掌握滞空发力的要领，在密度较大内容单一的教学项目中采用转移性游戏，如利用"跑道寻宝"来完成中长跑的练习（图3-2）。在结束部分利用韵律性游戏放松。将体育游戏引入田径教学，可以打破田径教学的机械与死板，使非体育生可以放下怕苦怕累的思想负担，在笑声中完成田径课的学习。并且体育游戏往往需要多人协同完成，在体育游戏的过程中还可以培养非体育生的团结协作精神。

图 3-2　定向越野

### 2. 引入更加多元化的田径项目

为了更好地适应公共体育大学生特点，田径教学可以适当抛开专业性和竞技性，也抛开场地的限制，引入一些多元化的田径项目，如定向越野，素质拓展等。对于公共体育大学生来说，这些项目新奇有趣，学习场地从操场扩展到整个校园，并且学习目标不再只是一个高高在上时间或者距离，而是具体化到寻找一个检查点，或者一个游戏任务的完成，更能激发公共体育大学生的参与热情。

## （三）配置丰富的教学器材

一些新兴的体能训练器械应当在高校公共体育课进行推广，如软梯（图3-3）、小栏架、瑞士球等。一方面可以让公共体育大学生多方面了解当前体能训练先进的多种手段，拓宽非体育生的体育知识面，增加对田径运动的好奇心；另一方面这些器材往往小巧易操作，且完成过程简单有趣。

图 3-3　软梯练习

## （四）突出公共体育大学生在田径教学中的自主性

体育教学作为一种体验性的教学，教学模式往往是以教师示范，学生模仿练习为主的。

在非体育生田径教学中,教师应让在学生明白技术动作原理的基础上,将练习手段的选择交给学生,鼓励学生进行创新性思考,自主创造练习手段、体育游戏方式,增加学生的课堂参与感。并且多与学生进行讨论互动。

## (五)充分发挥多媒体在田径教学中的作用

在课上,公共体育大学生对运动的感受往往不够透彻,若只是靠教师的口头指导纠正,理解上过于抽象,不能很好地吸收教师指导纠正的出发点。但如果在学生完成技术动作时进行拍摄,然后立即将视频反馈给学生,再结合教师的指导纠正,学生可以更加直观地发现自己完成技术动作时出现的问题从而加以改正。在课下,教师可利用微信、QQ等软件多与学生进行互动,一方面解决学生学习田径或者日常体育运动出现的问题,学生可以打破时间和空间的局限,充分利用片段时间,随时随地学习田径技术动作(图3-4)。

图3-4 公共体育大学生参与田径项目

## (六)完善田径教学的课程评价体系

田径课的评价主要以在考试中跑、跳、投所达到的成绩为主,这样的评价往往忽略了学生身体素质的个体差异性。在田径教学的评价中,一方面在对运动成绩的考核上要因人而异,为学生制定可以通过努力达成的目标,另一方面还应对学生的综合能力进行考核,加入一些个性化元素,如学生参与田径课的态度、热情,学生的语言表达能力、发现问题能力,上课期间人际关系处理能力等。

# 第四章
# 田径运动竞赛组织

## 第一节 田径运动竞赛的组织与编排

### 一、田径运动会的组织工作

组织举办田径运动会，在主管体育工作负责人的领导下，成立领导小组，负责运动会的举办组织工作。由领导小组讨论决定运动会的组织方案、竞赛规程、组织机构等，开展运动会的筹办工作。

#### （一）组织方案

由领导小组根据实际情况制定。一般包括如下几项。

（1）运动会名称、目的和任务。根据体育的目的、任务和其他特殊要求来确定。

（2）运动会的规模。包括参赛单位，参加人数（运动员、裁判员、工作人员）、竞赛组别和竞赛项目等内容。

（3）运动会的组织机构。根据工作需要确定，包括机构构成部门、各工作部门负责人、各部门的工作人员名额等内容。

（4）运动会的日期和地点。运动会通常放在春季和秋季两个季节的中间举行为宜。

（5）运动会的经费预算。根据实际需要确定，一般包括：会场布置、场地器材、裁判用具、宣传、奖品、印刷、文具、医药等费用。

（6）工作步骤。主要说明运动会的准备工作分哪几个阶段进行，各个阶段主要的工作内容。

#### （二）竞赛规程

竞赛规程是运动会竞赛工作的纲领性文件，竞赛规程通常包括以下内容：

（1）运动会的名称、目的任务、比赛日期和地点、主办和承办单位。

（2）参赛单位、组别。

（3）比赛项目。根据运动会的性质、规模、参赛组别、运动员的水平确定比赛项目，并对有关项目的器械、规格等具体说明，举办田径运动会在比赛项目上具有一定的群众性和广泛性。

（4）参加办法。报名人数、每人限报项数、每项限报人数、接力和全能的参加办法以及工作人员、教练员、队医人数等要具体说明。

（5）报名办法。报名地点、填写方法、报名日期和截止日期等。

（6）计分和奖励办法。录取名额、单项、接力、全能及破纪录的计分方法、团体总分计算方法、成绩相等及同名次奖励的计分方法和"体育风尚奖"的评选办法等。

（7）规则。说明采用的是中国田径协会审定的最新《田径竞赛规则》和补充规则。

（8）其他事项。包括号码布的要求、召开领队会的时间及未尽事宜的通知。

## （三）组织机构

田径运动会的组织和进行，是一项复杂而细致的工作，为了统一管理，必须建立组织机构。机构的构成和规模根据实际需要确定，举办田径运动会通常在领导小组的领导下，设立三个组开展工作。

（1）宣传组。负责宣传教育、会场布置、开幕式和闭幕式的组织以及奖状、奖品的发放等。

（2）竞赛编排组。负责编印秩序册、培训裁判员以及竞赛裁判等工作。

（3）后勤组。负责场地和器材准备、奖品的购置、赛会饮水供给和医务人员配备等工作。

## 二、田径运动会秩序册的编排

田径运动会秩序册的编排，是成功举办运动会的关键，科学合理的比赛秩序，有利于运动员公平竞争、运动能力发挥、场地器材布置、裁判工作等有条不紊地进行。

为了编好秩序册，编排成员必须在编排前认真学习竞赛规程和比赛规则，了解运动会的时间和每一个比赛单元可安排的比赛时间、组别和项目、参赛办法、计分和奖励办法、场地器材条件、裁判人数和水平等，然后进行编排。编排的步骤和方法如下。

## （一）审查报名表

按照竞赛规程规定的参加办法，对各单位的报名表进行审查，如发现报名人数和项目超出限额，应立即与有关单位联系，及时解决。

## （二）编排运动员姓名、号码对照表

## （三）统计各项目参加比赛的人数

统计参加各项目比赛人数和集体项目队数，为分组和编排工作做好准备，并做好统计表。

## （四）编排各竞赛项目分组

### 1. 径赛项目

（1）分道跑和部分分道跑项目的分组：在短距离跑、4×100m 接力跑、跨栏跑等分道跑项目以及 800m 和 4×400m 部分分道跑中，如果人数超过分道数，应分组进行。

① 根据已经统计好的参赛人数、跑道的分道数以及比赛时间进行分组。

② 分组时尽量使每组的人数大致相等，同一单位的运动员尽量避免分入同一组内。

③ 如按名次录取下一赛次参赛运动员，分组时应将成绩较好的运动员分别编在各组之内；如按成绩录取下一赛次参赛运动员，分组时则应将成绩较好的运动员编在一组。

④ 如果没有报名成绩，一般按各单位报名表的先后顺序排列，然后用斜线法分组（表 4-1

和表 4-2）。

表 4-1　斜线法分组表

组别：　　　　　　　性别：　　　　　　　项目：

| 分组 | 各单位号码 | | | | | |
|---|---|---|---|---|---|---|
| | 单位一 | 单位二 | 单位三 | 单位四 | 单位五 | 单位六 |
| 一 | 1101 | 1201 | 1301 | 1401 | 1501 | 1601 |
| 二 | 1101 | 1202 | 1302 | 1402 | 1502 | 1602 |
| 三 | 1103 | 1203 | 1303 | 1403 | 1503 | 1603 |

表 4-2　斜线法分组表

组别：　　　　　　　性别：　　　　　　　项目：

| 分组 | 号码 | | | | | |
|---|---|---|---|---|---|---|
| 一 | 1101 | 1202 | 1303 | 1401 | 1502 | 1603 |
| 二 | 1102 | 1203 | 1301 | 1402 | 1503 | 1601 |
| 三 | 1103 | 1201 | 1302 | 1403 | 1501 | 1602 |

⑤ 如有全能项目比赛，其径赛项目分组时，每组最好为 5 人或者 5 人以上，一般不少于 3 人。全能最后一个径赛项目的分组，通常将前面比赛各项累积分较多的运动员编在一组。

（2）不分道跑项目的分组：不分道跑的中长跑项目一般不分组。若人数过多必须分组时，应注意把成绩好的运动员集中在一组。关于不分道跑项目各单位运动员的起跑位置，由大会抽签排定（每个单位的运动员在起跑时拍成一路纵队），然后编入秩序册。

**2. 田赛项目**

田赛项目比赛一般不分组，运动员应按大会抽签排定的顺序参加比赛。如人数过多也可分组，但要在条件基本相同的场地上比赛。远度项目先进行前 3 次的试跳或试掷，然后选出成绩好的 8 人再进行后 3 次试跳或试掷。高度项目分组比赛时，每次升高的高度应相等，在同一高度淘汰相当人数后，再合并比赛。径赛项目和田赛项目分组结束后，应将竞赛分组表抄写清楚，以便编入秩序册，同时填写好径赛检录表、田赛高度项目成绩记录表、田赛远度项目成绩记录表，于赛前分别交径赛裁判长和田赛裁判长。

## （五）编排竞赛日程

竞赛日程是运动会一切项目比赛时间的依据，它直接影响整个比赛的展开、运动员水平的发挥和赛场的气氛。

**1. 编排竞赛日程应注意的事项**

（1）要正确的估算各项比赛所需的时间，看其是否与运动会比赛时间相符（运动会比赛时间不包括开幕式、闭幕式等时间）。如不相符，应从减少分组、减少赛次、增加场地、适当延长单元比赛时间等方面考虑解决。要分别估算径赛和田赛项目的比赛时间。

（2）径赛每一赛次的最后一组赛完至下一赛次的第一组或决赛开始前，应按下列最低标准确定运动员休息时间。

① 200m 及 200m 以下各项为 45min；
② 200m 以上至 1000m 各项为 90min；
③ 1000m 以上的项目不在同一天进行；
④ 全能项目各单项比赛的间隔时间至少 30min。

（3）按兼项的一般规律，把性质相近的项目分开编排，以减少兼项冲突。
例如：

100m 和 200m　　　　　100m 和跳远
200m 和 400m　　　　　400m 和 400m 栏
400m 和 800m　　　　　100m 和 4×100m 接力
800m 和 1500m　　　　 400m 和 4×400m 接力
1500m 和 3000m　　　　跳远和三级跳远
5000m 和 10000m　　　 铅球和铁饼

（4）性质相近的项目，编排时应注意其比赛的先后顺序。如：先 5000m 后 10000m；先跳远后三级跳远；先推铅球后掷铁饼等。

（5）在径赛项目中，不同组别和性别的同一项目比赛，要按照项目衔接规律进行编排。这样有利于裁判工作和场地器材的布置。在田赛项目中，不同组别的同一项目，不要安排在同一时间进行。

（6）不得安排两个长投项目同时进行，以避免由于相对投掷发生伤害事故。

（7）跨栏跑项目的比赛，一般编排在每一个单元的第一项进行，也可编排在长距离跑比赛的后面进行。

（8）200m 以下（包括 100m）的径赛项目，最好安排在一天内结束比赛。

（9）决赛和比较精彩的项目尽量分开排列，使比赛场上始终保持热烈的气氛。接力跑是引人入胜的精彩项目，应安排在每一个单元的最后。

（10）为便于编排和记录公告组统计总分，运动会最后一项可编排长距离，也可以在最后一项结束前编排不计团体总分的表演项目。

（11）每单元的比赛，应尽可能使田赛和径赛同时结束。

**2. 编排竞赛日程的步骤与方法**

编排竞赛日程的步骤与方法，实质是编排竞赛日程操作的程序与技巧。编排要妥善处理各种主要矛盾和冲突，努力为全体运动员创造最佳的公平的竞争环境，保证比赛在紧张、热烈而有秩序的气氛中进行。

（1）抄写"竞赛项目牌"：项目牌可采用各种彩色硬纸制作（宽 2cm、长 10cm 左右），不同年级颜色不同。依据各项比赛分组表，把全部比赛项目的组别、性别、项目、赛次、人数、组别、比赛所需时间等逐项抄写，一个项目有几个赛次，就要写几张。全能每个单位抄写一张。项目牌必须核对准确，不能遗漏。

（2）项目牌检查核对无误后，应准备好一块标明日期、比赛单元（上午、下午）、径赛、田赛的台面，然后开始编排。

（3）编排时，全能项目应按照田径竞赛规则规定的比赛顺序先行安排，然后径赛项目（即将"竞赛项目牌"分别放到各日期、单元中去）。在编排径赛项目时，如发现两个赛次之间的时间太短或违背了兼项一般排列规律以及比赛总时间与单元时间不符等问题，应重新进行调整。

（4）在编排田赛项目，仍应注意兼项的一般规律和性质相近项目的先后顺序。

（5）全部项目排定后，应细致的进行检查，征求有关人员意见后呈送总裁。如有问题，要细心地进行研究后再调整。并按下列格式抄写清楚，以便编入秩序册。

## 三、田径运动会工作

### （一）运动会召开前的工作

（1）领队、教练员会议。召开领队、教练员会议，发放秩序册和号码布（如自备号码布需进行检查），提出运动会各项要求，说明竞赛规程以外的有关规定，提出入场式要求以及分配好各单位的座席等。

（2）组织裁判员学习。组建裁判队伍，组织裁判员学习和进行裁判分工，准备好裁判用的各项表格及其他用品，作好竞赛裁判的一切准备工作。

（3）准备场地器材。准备好比赛用的场地器材，径赛跑道和田赛场地。

（4）布置好会场。包括布置好主席台和安装扩音设备，安排好检录处、准备活动场地、编排和记录公告组工作处、成绩公告栏、裁判员休息室、医务站、饮水处等。

### （二）运动会进行中的工作

（1）组织好入场式和开幕式。

（2）根据比赛要求，作好场地的布置和器材的供应及回收工作。

（3）编排和记录公告组要登记比赛成绩，及时公布径赛项目第一赛次之后的后继赛次的运动员分组名单，及时公布各项决赛成绩，每天比赛结束后整理好有关资料以及保证闭幕式前统计好团体总分名次和破纪录情况。

在田径运动会中，径赛分道跑项目第一赛次后，后继赛次的分组可根据录取参加下一赛次运动员的成绩优劣，按蛇形分布的排列顺序，将运动员编入各组。例如，录取了16名运动员参加下一赛次，可分为2个组。分组方法如下：

A组：1 4 5 8 9 12 13 16　　B组：2 3 6 7 10 11 14 15

A、B两组的比赛顺序由编排和记录公告组抽签排定。

（4）做好比赛成绩公告发奖和大会宣传、教育、鼓动工作。

（5）加强安全措施，维持好赛场内、外秩序，做好医务工作。

（6）根据比赛进程，在必要时调整好比赛秩序。

（7）组织好闭幕式。

### （三）运动会结束后的工作

运动会结束后，要整理运动成绩和比赛纪录等资料，有条件和有必要时编印成绩册。清理场地、器材和各种用具。做好运动会的总结工作。

## 第二节　田径运动竞赛的裁判工作

田径运动竞赛的裁判工作是田径运动竞赛的一个重要组成部分。在竞赛中，裁判工作起着极其重要的作用。裁判工作的好坏，直接影响着比赛的进程、运动员的情绪、运动员水平的发挥，因此田径运动竞赛对裁判员有着较高的要求，要求裁判员掌握田径比赛规则和方法、在裁判工作中做到严肃认真、公正准确。

## 一、田径运动竞赛前的准备工作

为保证田径运动会的顺利进行，裁判组应在竞赛组领导下，做好下列赛前准备工作。

（1）组织和培训裁判队伍

根据运动会的规模选聘裁判员；对裁判员进行明确的分工；学习竞赛规程与竞赛规则。

（2）召开各种会议

① 全体裁判员大会。宣布各裁判组人员名单和分工。

② 裁判小组会议。制订本小组学习和工作计划，讨论比赛和裁判工作中的有关问题。

③ 主裁判会议。由总裁判长召开，会议的内容为了解各裁判小组准备情况并交流经验，解决存在问题。

④ 领队、教练员会议。由竞赛组召开，总裁判长和有关的裁判长参加。介绍竞赛工作的准备情况和补充规定，听取领队和教练员意见，讨论竞赛有关问题。

（3）裁判器材和用具准备

各裁判小组要提出裁判工作所需要的器材和用具清单。对于领到的裁判器材和用具要落实专人负责，以保证比赛时裁判使用。

（4）比赛场地和器材的检查

各裁判小组于比赛前必须到现场检查场地和器材，如有必要，须提出场地修整和器材添置意见，交场地器材组解决。

## 二、田径运动竞赛的主要规则

竞赛规则应从实际出发，参照中国田径协会审定的《田径竞赛规则》，对于有变动或另行制定的竞赛规则，应在竞赛规程中或领队、教练会议上说明。

## 三、田径运动竞赛裁判工作方法

### （一）径赛裁判工作方法

径赛裁判工作是在径赛裁判长领导下，由检录、发令、终点、计时、检查等裁判员共同完成。

#### 1. 检录工作方法

检录工作的主要任务是根据运动会径赛项目的竞赛日程及规定的比赛时间，在每个项目比赛之前，按规定的检录时间召集运动员点名并组织、带领运动员进入比赛场地。田径运动会的检录工作由3～4名裁判员承担，工作内容和方法如下：

（1）赛前要准备好检录所需要的各种用品（包括秩序册、检录单、扩音器）。

（2）提前到达检录处做好准备，按时召集运动员点名。点名时，要检查运动员的号码、服装、钉鞋等是否符合规则要求。长距离跑项目检录时，必须发给运动员小号码布，并规定佩带位置。

（3）检录完毕，按规定入场时间带领运动员入场到各项目的起点。4×100m 接力还须将 2、3、4 棒运动员分别带至第 1、2、3 接力区。

#### 2. 发令工作方法

发令员的主要任务是根据规定的比赛时间，组织运动员准时比赛；执行有关起跑规则，有权警告与取消犯规运动员的比赛资格。发令工作一般设发令员 1 人，执行发令任务；助理发令员 1～2 人，其中 1 人协助发令员工作，另 1 人负责运动员上道，核对组别、项目、赛次、道次和运动员号码等工作。工作内容和方法如下：

（1）赛前应准备好发令工作所需要的各种用品（包括发令枪、手旗。道次牌等，接力跑项目比赛时还需准备接力棒），提前到达运动场地，检查各项目的起点线位置是否正确。

（2）每组比赛前，发令员右手侧举手旗与终点主裁判进行联系，待终点回旗门，手旗上举，表示即将发令，然后通知运动员上跑道。

（3）400m 和 400m 以下的径赛项目（包括 4×400m 接力跑在内），起跑时，发令的口令为"各就位"、"预备"。400m 以上的项目起跑时，发令口令只有"各就位"。口令发出，待全体运动员稳定后再鸣枪。发令时，口令要清晰洪亮，"各就位"拉长一些"预备"口令平稳、短促。举枪时，枪应举到烟屏中央稍下部位。同时，另一手持哨子于口旁或手持发令枪。鸣枪后，要稍停片刻再将持枪臂放下。发令时，一旦发现运动员起跑犯规，应立即吹哨或鸣枪将运动员召回，明确指出犯规的道次和运动员，并将道次牌转向。部分分道跑项目，发令员在发令前应向运动员说明抢道标志线的位置。

（4）发令员发令时所站的位置要适当，既能清楚地观察到所有运动员的起跑动作，又要使运动员都能清楚地听到口令和枪声，还要使终点计时员能清楚看到发令动作和烟屏。

### 3. 终点和计时裁判工作方法

运动会终点裁判工作的任务是：准确、迅速判定径赛运动员到达终点的名次及记取运动员的比赛成绩。另外，还要担任 1500m 以上项目的记圈工作。

终点裁判工作人员至少 20～24 人，其中 1 名终点主裁判负责终点全部工作以及与发令员和检查员取得联系，8～9 人负责判定名次和记取成绩，2 人负责终点记录工作。终点裁判工作的内容和方法如下：

（1）比赛前应准备好终点裁判所需用品（包括秒表、终点记录用纸。铅笔等），检查、核对秒表。

（2）比赛开始，终点主裁判要与检查长联系，并通知终点裁判员（计时员）作好裁判准备，然后举旗通知起点，表示准备就绪，可以发令。

（3）当发令员发出"各就位"口令时，主裁判应向裁判员发出运动员"上道"的通知，以提醒裁判员注意。当发令员举枪时，主裁判应发出"举枪"的通知，再次提醒裁判员注意。此时裁判员（计时员）应全神贯注地观看烟屏，当看到枪烟的同时应立即开动秒表。

（4）当所看的运动员跑到距离终点线约 20m 时，裁判员应做好停表准备，当运动员的躯干触及终点线后沿垂直平面的瞬间，立即停表，做到"人到停表"。

（5）为了准确判定名次，裁判员应首先记住运动员的特征，然后再辨认其号码和道次。当主裁判将运动员召回终点按自己道次站好后，裁判员应立即填写"终点名次单、径赛计时表"。每组比赛结束后，主裁判应及时收集"终点名次单、径赛计时表"并认真、细致的核对，确认无误后交记录员填写"成绩记录单"。

（6）判定终点名次的方法一般有：

① 在短距离跑比赛时，一般采用按名次分工法即定名次报道次的方法。

② 在 800m 和 1500m 比赛中，如运动员人数超过 8 人，首先应保证前 6～8 名有专人负责，其余名次可采用一名裁判报号码，一名裁判记录的方法。如不超过 8 人则采用按道次分工或"人盯人"到底的方法。

③ 在长距离比赛时，为了准确判定长距离跑项目的名次和记录成绩，应设记圈员。记圈的方法有两种：一种是分别记圈，每名记圈员记录的人数不超过 4 人；另一种是填表记圈，即由 3 名裁判员组成记圈小组，一人报运动员每次通过终点的顺序号码，一人将通过终点的号码填入总记录表，另一人核对填表记录情况。当运动员剩最后一圈和距终点只剩 50m 时，记圈员及时将运动员号码告诉终点主裁判。当运动员到达终点时，终点主裁判及时用手

势和口令示意该运动员到达终点的名次。

（7）进行1500m以上的项目比赛时，终点应设置报圈牌或由裁判员直接向运动员报圈。当领先的运动员剩最后一圈时，应用铃声或枪声通知运动员。

（8）当一组比赛工作结束时，终点主裁判应提醒裁判员（计时员）回表，准备迎接下一组比赛；

#### 4. 检查裁判工作方法

在比赛中检查运动员有无犯规情况，设检查员5～6人。检查工作的内容和方法如下：

（1）检查主裁判领导全体检查裁判员熟悉规则及规程，准备好各种用品（如手旗、木尺、皮尺、检查报告单等），确定联络信号；在跨栏项目比赛前，要复查栏间距离和栏架高度；要确定检查裁判员的位置和检查区域。

（2）检查员按主裁判分配的任务和位置，负责检查径赛运动员有无犯规，如发现运动员犯规时，应立即标明运动员犯规的地点、犯规运动员的号码、道次和被影响运动员的号码及道次，并向检查主裁判举旗示意，如实报告犯规情况并填写"检查报告单"。

（3）主裁判在每组径赛比赛前后，用旗示与检查裁判员联系，如有犯规应亲临现场，根据检查裁判员的报告提出处理意见，并立即报告径赛裁判长。

（4）检查裁判员重点的检查犯规违例内容如下：

① 短跑项目。是否发生串道、跌倒或其他影响他人的动作；弯道跑时踏左侧分道线或左侧分道等。

② 中长跑项目。有意挤撞和阻碍他人跑进；未过抢道标志线提前切入内道；不合理的超越；退出跑道后又继续跑进等。

③ 跨栏跑项目。在跨越栏架时其脚或腿低于栏顶水平面；故意用手推倒或用脚踢倒栏架；未跨过规定数量的栏架；手臂的摆动影响他人等。

④ 接力跑项目。未在接力区内完成传接棒；用抛掷方式传接棒；掉棒后，不是由原掉棒人捡起；未持棒跑完全程等。

（5）检查员的工作地点及位置如下：直道比赛项目，检查员应分布在直道两侧，离内突沿和外突沿约2m左右的地方，两侧检查员应交错排列，分别检查运动员有无犯规和违例情况；200m比赛时，检查员应分布在弯道和直道两侧，重点检查运动员在通过弯道时有无犯规情况；400m及中长距离跑项目比赛中，检查员应分布在直、曲段分界线附近；接力跑比赛时，接力区应有检查员；部分分道跑项目比赛时，抢道标志线处应有检查员。

### （二）田赛裁判工作方法

田赛项目裁判，是在田赛裁判长统一领导下进行裁判工作的。

#### 1. 跳跃项目裁判工作方法

跳跃项目可根据比赛的实际需要，分成高度和远度两个裁判组。

（1）跳高项目裁判法：田赛高度项目裁判组由4～5人组成。主裁判领导全面工作，并负责判定运动员试跳是否成功和丈量横竿的高度。裁判员出2名，负责放置横竿和提升高度，并兼看运动员有无犯规情况。记录员1～2人负责检录通知运动员试跳和记录试跳情况。跳高比赛时，裁判员的工作位置如图4-1所示，其工作内容和方法如下：

① 赛前应了解并根据运动员水平，拟定各组起跳高度和升高计划，交总裁判在领队、教练员会议上征求意见。比赛前要提前到达场地，认真检查场地器材和领取裁判用品。

② 记录员赛前按规定时间到检录处召集运动员点名，检查运动员号码布和服装，钉鞋

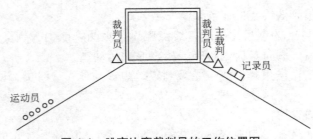

**图 4-1 跳高比赛裁判员的工作位置图**

等是否符合规定。检录完毕,将运动员带入场内。入场后,先由主裁判向运动员讲解比赛注意事项,宣布起跳高度和升高计划,然后组织运动员丈量步点,并按试跳顺序进行 1～2 次赛前试跳,赛前 5min 应停止练习。

③ 比赛开始,由记录员按试跳顺序呼号试跳,运动员试跳成功,主裁判上举白旗,试跳失败,则上举红旗。

④ 记录员应将运动员每次试跳情况记入"田赛高度项目成绩记录表",通常采用的记录符号如下:

试跳成功——○;

试跳失败——X;

免　　跳———;

兼项请假——△。

⑤ 每一高度(轮次)试跳结束后,裁判员应按升高计划升高横杆,每次横杆升高之后,在运动员试跳之前,均应丈量高度。凡涉及纪录高度时,有关裁判员必须审核丈量。自上次丈量后,如横杆又被触及,裁判员在每次后继试跳之前,必须再次审核丈量。

⑥ 在高度项目比赛中,如遇运动员破纪录时,裁判员审核丈量成绩后,还应立即请出田赛裁判长复核高度,经确认签字后,方能继续比赛。

⑦ 比赛结束后,记录员要整理成绩、排定名次,主裁判应认真审核并签字,然间交田赛裁判长审核签字,最后送交编排记录组。

(2)跳远、三级跳远项目裁判法:田赛跳跃远度项目裁判组由 4～6 人组成,主裁判领导全面工作,并负责判定运动员试跳是否成功和检查丈量成绩。裁判员 2 名,负责丈量成绩,其中一个兼看起跳是否犯规和及时修补起跳板前沿橡皮泥或沙台,另一人看落点。记录员 1～2 人,负责检录、通知运动员试跳和记录试跳情况。三级跳远比赛时,需有一名裁判员协助主裁判判定运动员在三跳过程中有无犯规情况。应有 1～2 名志愿者负责挖、平沙坑。裁判员的工作位置如图 4-2 所示。其工作内容和方法如下:

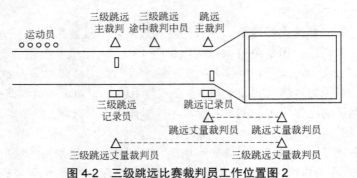

**图 4-2 三级跳远比赛裁判员工作位置图 2**

① 赛前应提前到达场地，检查场地器材和领取裁判用品。记录员按规定时间到回赛检录处召集运动员点名，检查运动员号码布、服装、钉鞋等是否符合规定。检录完毕，将运动员带人场内，并组织运动员练习和丈量步点。赛前 5min 应停止练习，修补好起跳板前沿橡皮泥或沙台，准备开始比赛。

② 比赛开始后，由记录员按试跳顺序呼号试跳。运动试跳成功，主裁判上举白旗，两名丈量裁判员开始丈量成绩，试跳失败，则上举红旗。

③ 记录员应将运动员每次试跳成功的成绩记入"田赛远度项目成绩记录表"，遇到失败、免跳、弃权、错过顺序等情况，应采用下列符号记入表内：

失　　败——X；

免　　跳———；

错过顺序——＝；

请　　假——△。

④ 前 3 次试跳结束，记录员应根据运动员 3 次试跳中的最佳成绩选 8 名交主裁判审核后参加后 3 次试跳。后 3 次试跳结束后，记录员按运动员 6 次试跳的最佳成绩判定名次。主裁判应认真审核并签字，然后交回赛裁判长审核签字，最后送交编排和记录公告组。

全能项目中的跳远比赛，试跳次数为 3 次，记录员应将运动员 3 次试跳中最佳成绩作为决定成绩，登记后交由主裁判审核签字，然后交由全能项目裁判。

**2. 投掷项目裁判工作方法**

投掷项目应根据比赛的实际需要，成立投掷裁判小组，在主裁判领导下进行裁判工作。

投掷裁判小组一般由 5～6 人组成，主裁判领导全面工作，并负责判定运动员试掷是否有效。1 名裁判员在投掷区附近协助主裁判判定运动员试掷是否有效并负责丈量成绩。另 2～3 名裁判员在器械的落地区负责看落点是否有效，举旗和丈量成绩。记录员 1～2 人，负责检录、通知运动员试掷和记录试掷成绩。另有 1～2 名服务人员，负责将掷出的器械送回投掷区。投掷项目裁判员的工作位置如图 4-3 所示。其工作内容和方法如下：

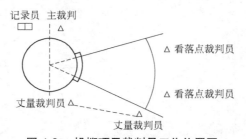

**图 4-3　投掷项目裁判员工作位置图**

① 赛前应提前到达场地，检查场地和领取比赛器材与裁判用品。

② 记录员按规定的检录时间到比赛检录处点名。检录完毕后，将运动员带人场内，并组织运动员进行 1～2 次赛前的试掷，赛前 5min 应停止练习。

③ 比赛开始后，由记录员按试掷顺序呼号试掷。运动员试掷时，主裁判在投掷区附近负责看运动员试掷有无犯规，判定试掷是否成功。落地区附近的裁判员要注意器械的落地点，对有效的落地点，要根据主裁判的旗示，再决定是否插旗和丈量成绩。

④ 记录员应将运动员每次试掷的情况记入"田赛远度项目成绩记录表"。丈量成绩的，应将成绩记入表内。不丈量成绩的，通常采用下列符号记录表内：

试掷成功——○；

试掷失败——X；

免　　掷———；

兼项请假——＝。

⑤ 投掷项目丈量成绩的方法是从器械落地的最近点（距离投掷圈或起掷弧的最近点）取直线通过投掷圈或起掷弧至圆心，丈量着地的最近点至投掷圈或起掷弧内沿之间的距离。

⑥ 后3轮试掷结束后，记录员根据6次试掷中的最佳成绩判定比赛名次，主裁判应认真审核并签字，然后交回赛裁判长审核签字，最后交编排和记录公告组。

⑦ 全能项目中的投掷项目比赛，运动员试掷次数为3次。记录员应将运动员3次试掷中的最好成绩作为决定成绩，登记后交主裁判审核签字，然后交给全能裁判员。

# 第五章
# 田径运动场地

## 第一节 田径运动场地平面图

体育场的英文为"Stadium",意思为露天运动场。古代奥运会开始时的竞技比赛场地是古希腊奥林匹亚山宙斯圣庙前的广场(图5-1)。随着田径运动的发展及项目的逐渐增加和细化,田径场地也从古代奥运会的竞技场地逐渐发生着变化。

众所周知,田径运动是"运动之母",田径运动项目在奥运会比赛项目中是最多的比赛项目。按国际田联的解释,现代世界田径运动可分为五大类,分别为田赛、径赛、公路赛、竞走和越野赛。而在奥运会的田径项目则包括田赛、径赛、马拉松和竞走。在1992年巴塞罗那奥运会中共设有257个单项,田径为43项,占全部单项的16.7%。同时国际业余田径联合会(IAAF)也是拥有会员最多的国际单项体育联合会,可以说田径运动在现代奥林匹克运动当中具有举足轻重的地位。

图5-1 古代奥运会比赛场地奥林匹亚山鸟瞰图

一直以来,奥林匹克及田径运动一步步向前发展的同时,相关运动设施也在随之发展。由于最初仅有一个比赛项目,为跑一个"斯塔第"(古代长度单位,相当于600个脚掌长度,大约176～192m),所以比赛场地最开始仅仅为单一跑道,一直发展到现在标准的400m半圆式田径跑道,投掷场地等田赛设施也从很简陋的设施发展到了今天的标准场地设施。

据统计,奥运会的田径场地大致经历了马蹄式、篮曲式、三圆心式和半圆式的发展历程。

## 一、"马蹄形"运动场

从古代奥运会一直到1896年第一届现代奥运会,田径项目比赛场地为一个弯道、两条直道的"马蹄形"运动场(也叫"U形"运动场),如图5-2所示。在第一届现代奥林匹克运动会中,主要包含田径、游泳、举重、体操和马拉松等运动项目。但是这次的田径运动比赛场地是在古奥运会比赛场地基础上改造的，"U"形运动场的跑道全长为333.33m，直线跑道长为192m，弯道半径很小，几乎成直角，终点略高于起点，是一个"坡形"场地。故根据"马蹄形"运动场地的构建结构，可以看出直道比赛的赛程是一个"上坡"，弯道比赛有一个"死弯"，因此运动员潜力无法完全展现出来，速度等能力的发挥被影响，成绩不如现在。第一届现代奥运会在玛拉莫尔运动场举行，此次运动会开

图 5-2　第一届奥运会主会场

展了 100m、400m、800m、1500m、110m 栏、跳远、铅球和铁饼等项目的比赛。运动场的周围和看台是用白色的大理石铺成的，可容纳 7 万观众。

## 二、篮曲式田径场

从 1936 年德国柏林的第 11 届奥运会使用的田径运动场开始采用篮曲式田径场，由德国人迪姆所设计。篮曲式田径运动场跑道是由两个弯道和两个直段组成的对称的长圆形跑道。两个弯道都是由三个 60°的弧所组成，分别为一个大弧和两个小弧，大弧半径为 48m，小弧半径为 24m，大弧圆心到小弧圆心的垂直距离为 20.785m，两大弧的圆心距为 56.97m。一个直段长为 98.539m，一个弯道长为 101.47m。故弯道总长为 202.94m，两直段总长为 197.078m，跑道总长度为 400.018m。篮曲式田径场地平面图如图 5-3 所示。

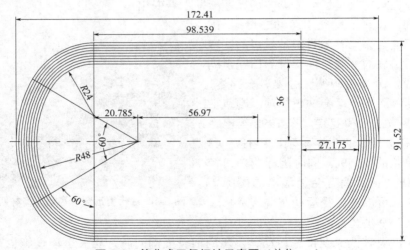

图 5-3　篮曲式田径场地示意图（单位：m）

## 三、三圆心式田径场

三圆心式田径场地是由瑞典人设计，它在篮曲式体育场之后发展起来的，大约在 20 世纪 40 年代之后的奥运会开始使用。三圆心式田径场与篮曲式体育场每个弯道均是由三个弧组成，即一个大弧和两个相同的小弧。三圆心式田径场弯道的大弧为 90°，小弧为 45°，大弧半径长度为 40.5m，小弧半径的长度为 27m，大弧的圆心至小弧半径的圆心的垂直距离为 9.55m，两大弧的圆心距为 73.94m，一个直线跑道的长度为 93.03m，一个弯道的长度为 106.97m，故跑道总长度为 400m。三圆心式田径场平面图见图 5-4。

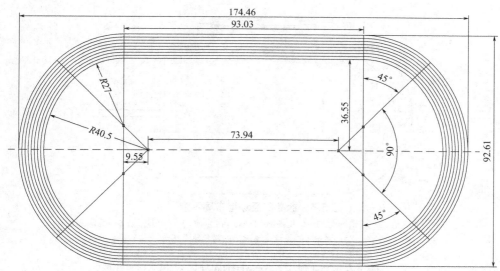

图 5-4 三圆心式田径场示意图（单位：m）

## 四、半圆式田径场

1904 年的第 3 届现代奥运会在美国圣路易成举办，此次田径运动会使用的比赛场地只有两个半径的椭圆形跑道，跑道总长度为 536.45m，直线跑道的长度为 220m。到 20 世纪前 10 年出现了半圆式田径跑道，使田径场地有了进一步的发展。瑞典的斯德哥尔摩举办的 1912 年的第 5 届奥运会就用了这种跑道，这也是第一个用煤渣和石灰混合铺成的跑道，而且跑道外侧比内侧高，但由于计算不准确，跑道周长为 383m。

虽然在半圆式田径场出现之后，又出现了篮曲式、三圆心式等田径场布局，但通过实践探索发现，最好的田径场地还是半圆式田径场。因为跑道的弯道半径相等，运动员弯道跑的技术就比较稳定，有利于运动员充分发挥自身速度，并且只有一个半径，使得场地的设计、计算等变得简便并且准确。

20 世纪 30 年代之后，田径跑道的设计在世界各国达成共识，在此之后，大多数国家选择修建半圆式 400m 田径跑道。1920 年比利时的第 7 届奥运会开始使用 400m 田径跑道；1928 年的第 9 届奥运会后，正式把跑道周长定为 400m，并一直沿用至今。虽然跑道周长确定为了 400m，但弯道的半径却出现了好多版本。20 世纪 80 年代前，多采用 36m 的弯道半径，也就是跑道为两个长 85.96m 的直线跑道和两个长 114.04m 的弯道跑道。1984 年第 24 届奥运会至 20 世纪 90 年代末，弯道半径多为 37.898m，即跑道为两个 80m 长的直线跑道和两个 120m 长的弯道跑道。直至 2003 年，国际田联《田径场地设施标准手册》中把 36.5m 半径的半圆式田径场指定为"标准田径场地"，这种场地的直线跑道为 84.39m，弯道跑道为 115.61m。这种田径场地包括了一个 400m 的跑道和一个标准足球场。为了更加合理有效的利用田径场地，在跑道内侧合理的安排了田赛项目（图 5-5）。

随着田径运动的不断发展，田径场地的材质也发生了巨大的变化，主要可分为三个阶段：

第一阶段：自然土阶段

第一阶段主要是在 1912 年以前，当时的人们没有意识到田径比赛场地对运动员成绩的影响，所以对比赛场地的材质没有特别的要求。直至第 2 届现代奥运会，这次奥运会没有修建专门的场地，田径比赛只有在马场赛道举行，但由于马道土质松软，坎坷不平，给田径比

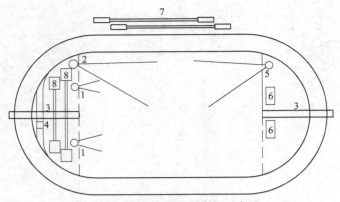

图 5-5 标准田径场地布局示意图

1—铅球场地；2—铁饼场地；3—标枪场地；4—3000m 水池；5—链球场地；6—跳高场地；
7—跳远、三级跳远场地；8—撑竿跳高场地

赛带来了很多困难，这才使人们意识到田径运动场地对运动员比赛的影响。

第二阶段：煤渣跑道

这一阶段的时间是 1912～1968 年。随着田径运动的不断发展，田径场地铺装材料在 1912 年的瑞典第 5 届奥运会首次由自然土更改为煤渣和石灰混合土。煤渣跑道是由一定直径颗粒的煤渣与一定比例的石灰和黄土搅拌混合而成，由于煤渣呈空心状，与石灰和黄土配比铺装的跑道有一定的弹性，且不过分松软，受到运动员的欢迎。

随着田径运动的不断发展，田径场地在 1912 年的瑞典第 5 届奥运会首次由自然土阶段转变为煤渣和石灰混合土阶段。这一阶段的时间是 1912～1968 年。煤渣跑道是由一定直径颗粒的煤渣与一定比例的石灰和黄土搅拌混合而成，由于煤渣呈空心状，与石灰和黄土配比铺装的跑道有一定的弹性，且不过分松软，受到运动员的欢迎。

第三阶段：人工合成塑胶跑道

这一阶段是 1968 年至今。墨西哥城在 1968 年举办的第 19 届奥运会首次使用了人工合成材料的跑道，即塑胶跑道。塑胶跑道田径场地的使用对田径运动技术的发展，田径运动成绩的提高，以及田径场地的项目布局都产生了巨大的影响。塑胶跑道与煤渣跑道相比是田径场地建设的一次飞跃，也是人类科学技术，物质文明对田径运动的发展发挥促进作用的具体体现。它解决了雨天无法进行田径比赛的难题。由于合成面层跑道的使用，导致运动员跑动技术的改进和跑鞋的创新。可以讲，合成面层跑道的使用对田径场上比赛的大部分项目的技术和成绩的提高都起着良好的促进作用。

## 第二节　田径运动场地的设计与布局

### 一、标准田径场地的组成

田径场是田径运动场地，主要用于田径运动教学、运动训练、开展体育活动、组织竞赛等相关活动。

一个标准的比赛用田径场一般由比赛区、观众区和环形区组成，比赛区由外场、中场及内场三部分组成。田径场外场为田径场主跑道与看台之间的辅助区域，一般情况下它是为看台预留的视角区域，但有些田径场地把跳远、三级跳远沙坑或撑竿跳高场地设计在这一区

域；田径场中场部分是用于径赛的跑道；田径场内场主要供田赛或球类比赛使用。

标准半圆式 400m 田径场的跑道南北各有一个半圆区域，在半圆区域可布局各类田赛场地，如铅球、标枪、链球、铁饼的投掷区和跳高、跳远、三级跳远和撑竿跳高的场地，学校还可用这块区域设计篮球、排球等场地以便有更多利用价值。

观众区域主要设计看台或其它有关设施，它的大小是根据空地面积与设计要求来决定的。如一个仅供教学和训练的田径场观众区仅占一侧空地，而标准比赛用田径场四周要留有几十米的空间，环形区主要是设计环形道路、停车场和辅助商业场所。

## 二、标准田径场地的项目布局

### （一）大型比赛用田径场地的项目布局

标准田径场地的项目布局首先要符合《田径竞赛规则》的要求和国际田联《田径场地设施标准手册》的要求。标准 400m 田径场地应包含一个标准的 400m 跑道和一个 68m×105m 的标准足球场地。由于标准田径场地所承担的比赛类型不同，其项目设计和布局就有所不同。但是作为标准 400m 田径场地应包含所有的田赛项目。国际田联的田径场地类别是根据其所承担的比赛级别来确定的。

由于径赛项目布局在田径场上都是固定不变的，所以所有的竞赛项目在跑道上均用标志线标明。田径场地的布局通常指田赛项目在田径场地内的安放位置。不同类型的田径场地其田赛项目的场地设施数量要求是不一样的，在设计和布局上有较大的差别（表 5-1）。

表 5-1  不同建筑类别田径场地中田赛场地的数量统计表

| 项目序号 | 场地建筑类别 | Ⅰ | Ⅱ | Ⅲ |
| --- | --- | --- | --- | --- |
| 1 | 每端具有落地区的跳远和三级跳远设施 | 2 | 2 | 1 |
| 2 | 跳高设施 | 2 | 2 | 1 |
| 3 | 每端具有准备好落地区的撑篙跳高设施 | 2 | 2 | 1 |
| 4 | 掷铁饼和链球合用的设施 | 1 | 1 | 1 |
| 5 | 掷铁饼设施 | 1 | 1 | — |
| 6 | 掷标枪设施 | 2 | 2 | 2 |
| 7 | 推铅球设施 | 2 | 2 | 2 |

注：摘自《田径场地设施标准手册》表 1.5.3。

### （二）二类 400m 标准田径场地的项目布局

近几年很多大中小学田径场地、企业体育中心都使用了人工草皮。这样就限制了长投项目（铁饼、标枪和链球）的使用，田径场地不能得到充分利用。中国田径协会据此规定，包含有所有田赛项目的 400m 标准田径场地为一类田径场地；有缺项的 400m 田径场地为二类田径场地。

在设计田径场地的布局时，首先要根据场地的情况而定，最大限度的利用场地；其次要考虑比赛安全性，各项目间要尽量减少相互干扰，以免影响比赛成绩；最后要考虑场地的实际使用需要，如教学场地，就要考虑教学对象的情况。二类田径场地项目布局方案一。

为了较充分的利用有限的场地资源，在 400m 田径场地的南北半圆中可以设置一些球类场地，如篮球、排球场地等。

## 三、非标准田径场地的布局

中小学土地资源有限，尤其是城区和农村地区更是如此，非标准田径场地作为中小学体育教学和体育锻炼的主要场地，应充分利用有限的土地资源来设计和布局体育项目，在设计和布局时，要权衡利弊，考虑多方面因素，一是要考虑中小学体育教学的特点和项目设置；二要合理有效利用场地；三是要考虑教学的安全因素，以防事故发生；四是要注重四周场地绿化等方面。中小学生身体素质的提高尤为重要，我们应尽最大努力我们要为他们营造一个安全、健康的活动场所。

中小学体育场地设计项目布局时首先要研究中小学体育教学内容与要求，其次是要尽可能利用场地四周的空地。

图 5-6 是一个 200m 的非标准田径场地，在场地中设计了一个排球场、三个篮球和一个铅球场地，在一个跑道的两端各设置了一个跳远场地，在其它空地还设置了单杠、双杠、乒乓球场地。这种设计布局使整个田径场地得到充分利用，图 5-7 是四角式田径场地的项目布局设计示意图，在场地中设计了铅球、篮球、排球、乒乓球、跳高和跳远场地，充分利用了四角式田径场地中间面积较大的特点，以上两种布局都比较符合中小学场地的教学需求（图 5-8）。

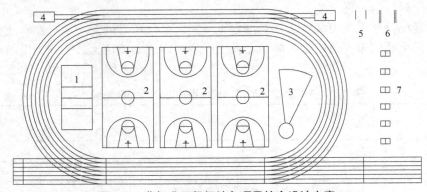

**图 5-6　非标准田径场地各项目综合设计方案**

1—排球场；2—篮球场；3—铅球场地；4—跳远、三级跳远场地；5—单杠；6—双杠；7—乒乓球场地

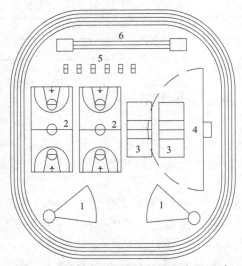

**图 5-7　四角式田径场地的项目布局设计**

1—铅球场地；2—篮球场地；3—排球场地；4—跳高场地；5—乒乓球场地；6—跳远场地

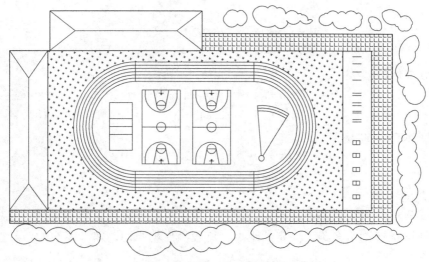

图 5-8 中小学田径场地布局效果图

城市中大部分中小学都位于城市中心或繁华地带，场地面积非常有限，在进行田径场地改建过程中，应充分利用好空间，使之发挥更大作用，因为非标准田径场地本身要求有较为平阔的面积，一定的基础强度就能满足建造要求，这就为有效利用田径场地的空间提供了可能，如可以把田径场地建在平坦的楼顶，或在田径场地地下修建停车场等。

## 第三节 田径运动场地的丈量与画线

### 一、径赛跑道的计算

#### （一）弯道长的计算

根据田径规则规定，第一分道的计算线从距离内突沿外沿 0.3m 处计算，其余各分道从距离内侧跑道外沿 0.2m 处计算。根据圆周公式 $C=2\pi r$，则各分道的弯道计算线长为：

第一分道弯道长 $C_1=2\pi(r+0.3)$

第二分道弯道长 $C_2=2\pi(r+1.22+0.2)$

第三分道弯道长 $C_3=2\pi(r+2\times1.22+0.2)$

由以上计算可以推出第二分道以后各弯道周长的通用计算公式：

$$C_n=2\pi[r+(n-1)d+0.2]$$

式中，$C$ 为弯道周长；$r$ 为场地半径；$n$ 为道次；$d$ 为道宽。

以半径为 36.50m 的标准 400m 跑道为例，计算第八道弯道周长则为：

$$C_8=2\times3.1415\times[36.50+(7\times1.22)+0.2]\approx284.24$$

#### （二）跑道前伸数的计算

由于各分道都与第一分道的半径不同，其弯道周长就要多出一段，为了使运动员跑动的距离相等，就要在起点将多出的部分扣除掉，这就是弯道项目起跑线的前伸数。计算各分道的前伸数就是用各道周长减去第一分道周长。公式如下：

### 1. 200m 前伸数

$$W_n=\pi[r+(n-1)d+0.2]-\pi(r+0.3)$$
$$=\pi[(n-1)d-0.1]$$

### 2. 400m 前伸数

$$W_n=2\pi[r+(n-1)d+0.2]-2\pi(r+0.3)$$
$$=2\pi[(n-1)d-0.1]$$

### 3. 4×400m 前伸数

$$W_n=3\pi[r+(n-1)d+0.2]-3\pi(r+0.3)$$
$$=3\pi[(n-1)d-0.1]$$

### 4. 切入差的计算

径赛中，有的项目采用分道起跑，在跑过一段距离后不分道。运动员就要从外道向里道切入，这就比一道运动员多跑了一定的距离，这段距离就叫切入差（图5-9）。

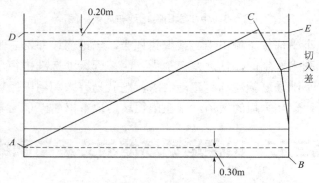

图 5-9 切入差示意图

其计算公式是：

$$K_n=S-\sqrt{S^2-[(n-1)d-0.1]^2}$$

$K$—切入差；$S$—直段长（$AB$、$DE$）；
$n$—道次；$d$—分道宽。

## 二、径赛跑道丈量法

### （一）正弦丈量法的计算

正弦丈量法为以弦量弧的方法，即已知弧长，用正弦定理求这段弧长所对的弦的长度。400m栏第一分道第一至第二栏的栏间距弧长为35m，计算其弦长。如图5-10所示，计算步骤如下：

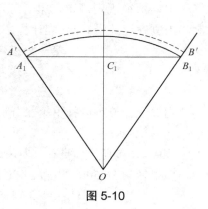

图 5-10

#### 1. 第一分道的计算半径

$$OA_1'(R_1')=R_1+0.3$$

#### 2. 计算单位弧长所对的圆心角

$$\angle A_1'OB_1'=L\frac{360°}{2\pi R_1'}=\frac{L180°}{\pi R_1'}$$

### 3. 计算所对应的弦长

$$\because \angle A_1'OC_1 = \frac{1}{2}\angle A_1'OB_1' = \frac{L90°}{\pi R_1'}$$

$$\therefore \angle A_1 C_1 = R_1\sin\frac{L90°}{\pi R_1'}$$

对于第 $n$ 分道栏间距 $\overrightarrow{A_n'B_n'}$（L）

第 $n$ 分道画线半径

$$OA_n(R_n) = r + (n-1)d$$

第 $n$ 分道计算半径

$$OA_n'(R_n') = R_n + 0.2$$

$$A_nB_n = 2R_1\sin\frac{L90°}{\pi R_n'}$$

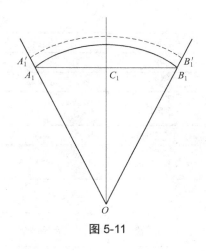

图 5-11

$R_n$ 任意跑道的画线半径，$R_n'$ 任意跑道的计算半径。据此公式可以计算出任意田径场地任意弧长、任意半径、任意分道宽和任意分道次上对应的画线弦长如图 5-11 所示。

## （二）余弦丈量法的计算

余弦丈量法是根据在任意三角形中，只要已知它的两条边和夹角，用余弦定理求出夹角的对边之长。在田径场地中只要有丈量的基准点，就可以向外计算和丈量各条跑道的起点距离。这种方法较为简便，因此在田径场地的验收丈量中被广泛使用。

余弦丈量法的计算步骤：

### 1. 计算单位圆心角所对应的角度

$$\angle AOB = \frac{L360°}{2\pi R_x'} = \frac{L180°}{\pi R_x'}$$

式中，$R'$ 为第一道计算半径；$R_x'$ 为任意道次的计算半径；$L$ 为已知弧长。

### 2. 求余弦长

$$AB = \sqrt{OA^2 + OB^2 - 2OA \times OB \times \cos\frac{L180°}{\pi R_x'}}$$

$$= \sqrt{R_1^2 + R_x^2 - 2R_1R_x\cos\frac{L180°}{\pi R_x'}}$$

据此余弦公式可以计算出任意田径径赛场地、任意弧长、任意半径、任意分道的放射式丈量距离，如图 5-12 所示。

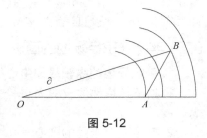

图 5-12

## 三、径赛场地的画法

### （一）标准田径场地各项目标志线的颜色和长度

在建设一块标准田径场地时，各项目都用固定颜色和长度的标志线标出。国际田联在《田径场地设施标准手册》上对这些标志线的颜色和长度都有明确的规定。各标志线的要求见表 5-2。标准田径场地在设计建造过程中，场地的所有点、位、线和田赛项目场地设施都是由专业技术人员根据设计要求来进行画线和安装的。跑道线都是经过用专业仪器定位的，一般误差都较小。现在很多项目，如铅球、铁饼和链球场地的钢圈，跳远起跳板、撑竿跳高穴斗都是由专业器材厂进行专业生产，在田径场地建设完成后进行统一的安装。

表 5-2  1400m 标准跑道画线标志

| 颜色 | 标志线 | 长×宽/cm | 项目 |
|---|---|---|---|
| 黄色 | | 110×5 | 4×100m 第2、3、4 接力区 |
| 蓝色 | | 80×5 | 4×400m 第2 接力区 |
| 白色 | | 117×5<br>40×5 | 200m、400m 起点线，4×100m 第2、4 接力区中线 |
| 红色或蓝色 | | 60×5 | 4×100m 接力第2、3、4 接力区预跑线 |
| 白色和中间蓝 | | 117×5<br>40×5 | 4×400m 起点线 |
| 白色和中间绿 | | 117×5<br>40×5 | 800m 起点线，4×400m 接力第2 接力区 |
| 绿色弧线 | | | 800m、4×400m 接力抢道线 |
| 白色弧线 | | | 3000m、5000m、10000m、3000m 障碍起点线 |
| 蓝色 | | 10×5 | 110m 栏栏位线 |
| 黄色 | | 10×5 | 100m 栏栏位线 |
| 绿色 | | 10×5 | 400m 栏栏位线 |
| 蓝色 | | 10×10 | 3000m 障碍架位线 |
| 白色 | | 300×1 | 撑竿跳高零线 |
| 白色 | | 75×5 | 铅球、铁饼、链球投掷圈中心延长线 |
| 白色 | | 75×7 | 标枪起掷弧延长线 |
| 白色 | | R8×7 | 标枪起掷弧 |

【相关链接】

国际田联对 400m 田径场的径赛跑道数量及安全区域有明确的要求，《田径场地设施标准手册》规定，400m 田径场内侧安全区区域不少于 1m，外侧最好也有 1m 的安全区域，起跑区至少 3m，缓冲区至少 17m。

## （二）非标准田径场地的画法

### 1. 确定场地的纵轴线和中心标志点

根据田径场地建设的大小和空场地的大小，在确定场地的中心点后，用线绳拉出场地的纵轴线。

### 2. 确定两个半圆的圆心

根据计算得出的场地直段长，从中心点沿纵轴线向两侧量出相等的两个长度，这个点就是场地半圆的圆心。

### 3. 画出两个横轴

画两条经过圆心并垂直于纵轴的线，这就是场地直曲段分界线。

### 4. 画两个弯道

以画线半径分别在两端画一个半圆交接于上述两个横轴线的两端，这就是田径场地的弯道的两个内沿。其他道次可以此方法画出。

### 5. 直道的画法

用直线把两端各道弯道线连接起来。如果有 100m 和 110m 栏，则需要把直线延长至

100m 和 110m 栏起点。

### 6. 标出各项目标志线

根据计算结果在田径场地上标出 200m、400m、1500m 等项目的起点线和直道内 100m 栏、110m 栏的栏位线。

中小学非标准田径场地，在建设时可以不安装道牙，但画线半径要较有道牙的大 0.1m。经过上述几个步骤就可以完成一个田径场地的画线工作。

## 四、田赛场地的画法

### （一）标枪场地

掷标枪场地包括一条助跑道、一个起掷弧和一个落地区。在标准田径场地中应在两个半圆设置投掷方向相对的两个标枪场地。标枪场地的助跑道要求至少长为 30m，宽为 4m。标枪的起掷弧是一条半径 8m，宽 0.07m 的白色弧线。

起掷弧的两侧分别有一条长 0.75m、宽 0.07m 的白色标志线。标枪的落地区分界线是沿圆心与起掷弧和助跑道标志线交叉处连线的延长线上画定。标枪场地见图 5-13。

### （二）铅球场地

铅球场地包括一个投掷圈、一个抵足板和一个落地区。铅球投掷圈内沿直径为 2.135m±0.005m，其投掷有效落地区为 34.92°的扇面区域。铅球场地的布局见图 5-14。

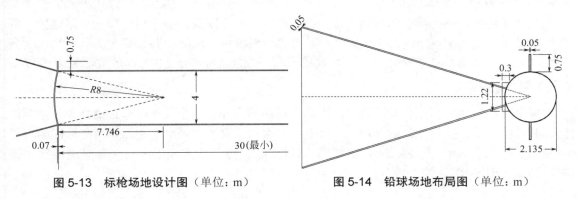

图 5-13　标枪场地设计图（单位：m）　　图 5-14　铅球场地布局图（单位：m）

### （三）链球场地

链球场地设施包括一个直径为 2.135m±0.005m 的投掷圈、护笼和一个半径 90m，弦长 54m 的落地区。由于链球也属长投项目，在场地也必须安装投掷护笼，投掷圈的材质和要求同铁饼一致，为了节省场地，也可将链球场地与铁饼场地并用，在铁饼圈内插入一个宽 0.1825m、高 0.02m 的环即可，但这个环必须固定好，不会对运动员的投掷造成影响。其布局见图 5-15。

### （四）跳远、三级跳远场地

跳远和三级跳远项目的设施都是包括一个助跑道、一个起跳板和一个落地沙坑，三级跳远跳板标准距离为 11～13m，跳远为 3m。教学训练场地也三级跳远跳板可安置在 7～9m 地方，跳远跳板安置在 1～2m 的地方。跳远和三级跳远的沙坑要求长至少 7～9m，宽至少 2.75m，正式比赛场地见图 5-16。

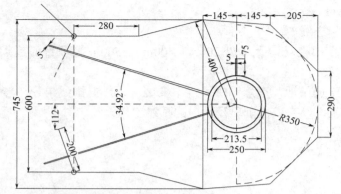

图 5-15　铁饼、链球场地与护笼设计规格（单位：cm）

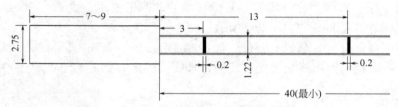

图 5-16　跳远、三级跳远场地布局（单位：m）

## （五）跳高场地

跳高场地包括一个半圆形助跑道、一个起跳区、两个支架、一个横杆和一个落地区。落地区尺寸不小于 6m×4m。正式比赛时，海绵包上要覆盖一层防跑鞋钉穿透的落地垫，跳高助跑区为一个至少半径 20m 的扇面。跳高的支架必须间隔 4.02m±0.02m 放置，见图 5-17。

## （六）撑竿跳高

撑竿跳高场地包括一个助跑道、一个插竿用的插穴斗、两个支架、一个横杆和一个落地区。其助跑道的净宽度 1.22m±0.1m，长不少于 40m，有条件时至少 45m。其落地区的海绵包宽、长、高为 6m×7m×0.8m，零线为 0.1m×3m，撑竿插穴斗用木料、金属或其他坚硬材料制成（图 5-18）。

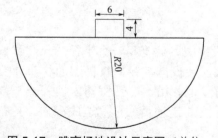

图 5-17　跳高场地设计示意图（单位：m）

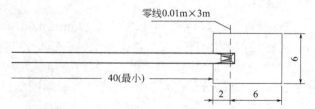

图 5-18　撑竿跳高场地布局（单位：m）

# 重点项目篇

# 第六章
# 短跑

## 第一节 短跑项目的发展概况

### 一、短跑项目的发展史

短距离跑（简称短跑）是田径运动竞赛项目中距离最短、速度最快、人体运动器官和内脏器官在大量缺氧情况下完成的极限强度的周期性运动。短跑的正式比赛项目主要有100m、200m、400m三项。

短跑也是最古老的竞技项目之一，在古希腊奥林匹克"五项运动"就包括短跑。根据史料记载，公元前776年，在希腊奥林匹克村举行的第一届奥林匹克运动会上就有了短跑项目。

1896年第一届奥运会上，将男子100m及男子400m列为正式比赛项目，标志着现代短跑运动的正式确立。第二届奥运会上将男子200m列为正式比赛项目。1928年第9届奥运会，女子短跑也被正式列入。随着短跑技术和运动器材的发展，比赛成绩随之迅速提高。

短跑技术中起跑是重要的组成部分。最初的起跑是运动员出发时用一只手抓住绳子，站着起跑，并利用后蹬巨石的力量冲出起跑线。直到1887年开始采用"蹲踞式"起跑，1927年有了起跑器，但到1936年第十一届奥运会上才被正式采用，并使用起跑器，此外还划分了跑道，一套较为健全的比赛规则被确立下来。短跑技术由脚跟先着地改进为前脚掌着地，并形成了一种"摆动式"的跑法。由于短跑技术的改进，推动了短跑成绩的迅速提高。

1894年，100m迎来第一个世界纪录，成绩为11.2s。经过对技术不断地创新和人类身体素质不断的增强，1968年墨西哥奥运会，美国选手海因斯创造了9.95s的世界纪录，也是人类电子计时的第一个世界纪录。同年也创造了19.83s的新200m世界纪录。

近代更涌现出一大批优秀的短跑运动员，如牙买加飞人博尔特（9.58s）、中国飞人苏炳添（9.91s）等。

短跑是用最快的速度跑完规定的距离。短跑能有效地发展速度素质，因此，它是田径运动的基础项目，而且在其他运动项目的训练中也占有重要的地位。短跑技术是一个不可分割的完整体，为了便于分析，可把它分为起跑和起跑后的加速跑、途中跑及终点冲刺跑四个部分。

## 二、近代百米成绩进化史（表6-1）

表6-1 近代男子百米世界纪录一览表

| 国籍 | 姓名 | 比赛成绩/s | 日期（按时间排序） | 比赛地点 | 年龄 | 计时方式 |
|---|---|---|---|---|---|---|
| 牙买加 | 博尔特 | 9.58 | 2009年8月17日 | 德国柏林 | 23 | 电计 |
| 牙买加 | 博尔特 | 9.69 | 2008年8月16日 | 中国北京 | 22 | 电计 |
| 牙买加 | 博尔特 | 9.72 | 2008年6月1日 | 美国纽约 | 22 | 电计 |
| 牙买加 | 鲍威尔 | 9.74 | 2007年9月9日 | 意大利雷蒂 | 25 | 电计 |
| 牙买加 | 鲍威尔 | 9.77 | 2005年6月14日 | 希腊雅典 | 23 | 电计 |
| 美国 | 蒙哥马利 | 9.78 | 2002年9月14日 | 法国巴黎 | 26 | 电计 |
| 美国 | 格林 | 9.79 | 1999年6月16日 | 希腊雅典 | 25 | 电计 |
| 加拿大 | 多诺万·贝利 | 9.84 | 1996年7月27日 | 美国亚特兰大 | 29 | 电计 |
| 美国 | 伯勒尔 | 9.85 | 1994年6月7日 | 瑞士洛桑 | 25 | 电计 |
| 美国 | 刘易斯 | 9.86 | 1991年8月25日 | 日本东京 | 30 | 电计 |
| 美国 | 伯勒尔 | 9.90 | 1991年6月14日 | 美国纽约 | 22 | 电计 |
| 美国 | 刘易斯 | 9.92 | 1988年9月24日 | 韩国汉城 | 27 | 电计 |
| 美国 | 史密斯 | 9.93 | 1983年7月3日 | 美国科罗拉多 | 22 | 电计 |
| 美国 | 海因斯 | 9.95 | 1968年10月14日 | 墨西哥首都 | 22 | 电计 |
| 德国 | 哈里 | 10.00 | 1960年6月21日 | 瑞士苏黎世 |  | 手计 |
| 美国 | 维利·威廉姆斯 | 10.10 | 1956年8月3日 | 德国柏林 |  | 手计 |
| 美国 | 杰西·欧文斯 | 10.20 | 1936年6月20日 | 德国柏林 |  | 手计 |
| 加拿大 | 珀西·威廉斯 | 10.30 | 1930年8月9日 | 加拿大多伦多 |  | 手计 |
| 美国 | 帕多克 | 10.40 | 1921年4月23日 | 美国 |  | 手计 |
| 美国 | 利平科特 | 10.6 | 1912年7月6日 | 瑞典斯德哥尔摩 |  | 手计 |
| 美国 | 托马斯·伯克 | 11.8 | 1896年 | 希腊雅典 |  | 手计 |

## 三、短跑项目的竞赛规则

（1）运动员的赛道，预赛时由抽签决定，决赛时一般由预赛成绩决定，更优秀的运动员可以排在靠中间的跑道上，跑道是第3、4、5、6号跑道，它们应由排名前4位的运动员分别占据。第1、2、7、8跑道则由后4名占据。一般按照预赛成绩由高到低运动员跑道的分配是4、5、3、6、2、7、1、8。

（2）比赛时运动员到各自赛道就位，全程分道跑的项目运动员应自始至终在自己的分道内跑，跑的过程中超出自己的跑道而缩短比赛距离或影响、干扰其他运动员应判罚犯规，超出自己的跑道但并没有因此获利同时也没有影响、干扰其他运动员原则上不判罚犯规。

（3）除全能项目外，当前短跑的起跑实行零容忍的规则，即运动员只要抢跑就要被罚下。

（4）所有短跑项目须必采用蹲踞式起跑及使用起跑器。在"各就位"及"预备"口令之后，参赛者应马上完成有关动作，任何参赛者不能在合理时间内完成有关动作，则属起跑犯规。

（5）在"各就位"后，以声音或动作扰乱他人，应判起跑犯规，裁判员应以黄黑牌予以警告，再犯则出示红黑牌取消其参赛资格。

（6）不得服用兴奋剂在内的比赛禁止药物，赛前尿检合格方能参加比赛。

（7）在跑步过程中干扰其他赛道参赛人员属犯规，应取消比赛成绩。

(8）在短跑比赛中，所有项目参赛者的名次取决于其身体躯干（不包括头、颈、臂、腿、手或足）抵达终点线后沿垂直面为止时的顺序，以先到达者名次列前。在任一赛次中，按成绩录取进入下一赛次时如遇运动员成绩相等，则终点摄像主裁判应考虑有关运动员的1/1000s 的实际成绩。如果成绩依然相等，则有关运动员均应进入下一赛次。如实际条件不允许，应抽签决定进入下一赛次的人选。在决赛中第一名成绩相同，裁判长有权决定是否重赛，若无条件重赛，则并列第一；至于其他名次成绩相同，按并列处理。

## 第二节　短跑技术

当今世界优秀短跑运动员的技术特点主要表现为起跑反应快；加速跑速度增加快，加速距离增大；途中跑步幅大、步频高，用力与放松高度协调配合；绝对速度高、后程跑速减速少，速度耐力水平高。具体表现为跑的动作连贯、自然、放松、协调、步频快、步幅大、从起跑到冲刺具有良好的加速能力且身体重心平稳、上下起伏小、上下肢摆动幅度大而有力，上下肢动作配合协调，有非常强的节奏感。

### （一）起跑

起跑的目的：对发令信号做出迅速反应，尽快使身体迅速摆脱静止状态并获得较大的前冲力，为起跑后的加速跑创造良好的条件。

（1）起跑器的安装使用：起跑器的有三种方式，第一种普通式，前抵足板距起跑线的距离为 1.5 脚长，后抵足板距前起跑器为 1.5 脚长；第二种方法是拉长式，前抵足板距起跑线 2 脚长，后起跑器距前抵足板为 1 脚长；第三种是接近式，前抵足板距起跑线、后起跑器距前抵足板均为 1 脚长。起跑器与地面的角度是，前起器为 45°左右，后抵足板为 60～70°左右。

（2）口令：起跑口令按照顺序分为：各就位（on your marks）、预备（set）、发令枪响（或裁判口播"跑"）。

（3）起跑："各就位"动作：用两手撑在起跑线前的地面上，然后把前脚和后脚依次放在起跑线上，后膝跪地，抬起上体，把两手与肩同宽或稍宽靠近起跑线后沿支撑，颈部自然，头与脊柱与一直线，眼看起跑线前 0.5～1m 的跑道（图6-1）。

（4）预备动作：听到预备口令后，迅速把臀部抬到应有高度。通常是臀部稍高于肩，使两腿膝关节达到一个合适的角度：前腿约为 90°～100°，后腿约为 120°～130°（图6-2）。

图 6-1　各就各位动作　　　　　　　　图 6-2　起跑预备动作

### （二）起跑后的加速跑

起跑后的加速跑是从蹬离起跑器到途中跑开始的跑段，其任务是充分利用向前的冲力，尽快加速达到最快速度。加速跑距离一般控制在25～30m。

起跑后加速跑动作：听到枪响后，两手迅速离地，左臂弯曲前摆，右臂弯曲后摆，右腿在做快而短的蹬离起跑器后，大腿迅速前摆。起跑后的加速跑第一步，自前腿充分蹬伸到后腿蹬离起跑器前摆着地结束。摆动腿前摆与支撑腿间的夹角稍大于90°，摆动腿过分高抬并无好处，这会使躯干的前倾和向前运动产生困难。第一步的摆动腿应积极下压，着地点在身体重心投影点的后方，以前脚掌着地并迅速过渡到有力的后蹬阶段，这一动作越快，越有利于下一步快速有力地完成蹬地技术。起跑后加速跑阶段的两臂有力的前后摆动具有很大的意义，在开始几步身体处于较大的前倾姿态时，重心移动的初速度较小，因此，加速跑段应大幅度地摆臂。

## （三）途中跑（弯道跑）

途中跑是短跑全程中距离最长、速度最快的跑段，其任务是继续发挥或保持最高速度。途中跑时躯干应保持正直或微向前倾，挺胸、收腹、拔腰，头部正直，颈部放松，眼往前看。两臂以肩为轴配合两腿动作协调摆动，两手腕、手指自然伸直或成半握拳，快速有力的贴身前后摆动。后蹬动作速度快，角度小；后蹬时髋、膝、踝三个关节伸展快速有力，做到以摆带蹬、蹬摆结合。腾空时迅速做好"剪绞"动作；摆动腿大腿积极下压做"鞭打"式着地。脚掌着地积极有力，要有弹性，踝关节注意柔和并有立扒地。

弯道跑指200m及400m短跑项目中在弯道上的跑进。运动员为改变向前做直线运动的惯性，须变换身体和腿、臂的动作方向，以适应弯道跑进的技术。通常采取身体向左倾斜姿势，以产生向心力。跑速越快，内倾程度越大，右腿前摆时膝关节稍内扣，并以前脚掌内侧着地；左腿前摆时，膝关节稍朝外，用前脚掌外侧着地。右臂摆动力量和幅度应大于左臂。

弯道跑技术为200m、400m主要技术之一，弯道跑时身体内倾，两臂摆动时右臂摆动弧度和力量都应稍大于左臂，右臂前摆稍向左前方，后摆时肘关节稍偏右后方，左臂靠近体侧摆动，摆动方向都应与身体向圆心方向倾斜趋于一致，跑速越快向心力越大身体倾斜程度越大。两脚着地时，右脚脚掌内侧先着地，左脚脚掌外侧先着地，后蹬时右脚脚掌内侧蹬地，左脚脚掌外侧蹬地，右腿摆动时膝关节稍向内摆动，左腿摆动时膝关节稍向外摆动，右腿摆动幅度大于左腿。

由弯道跑入直道时，在弯道的最后几步身体逐渐减小内倾，依靠惯性放松调整2～3步，逐渐恢复到直道跑的姿势。

## （四）终点冲刺跑

终点冲刺跑是短跑全程的最后一段，其目的是全力保持途中跑的高速度冲过终点。终点冲刺跑时要注意加快两臂的摆动，保持上体前倾，尽力保持步频以减少跑速的下降。离终点最后一步时上体主动前倾，双臂后摆以胸部或肩部等躯干有效部位迅速撞线，跑过终点后随惯性奔跑一段距离后逐渐减速直至静止状态（图6-3）。

**图6-3　终点冲刺跑**

## 第三节　短跑技术教学方法与手段

通过讲解使学生了解短跑的基础知识，短跑的发展史、短跑项目的技术特点、技术要素等知识。通过示范演示使学生初步建立短跑概念。

### 一、起跑器的安装使用及起跑

讲解蹲踞式起跑技术要领，结合示范使学生明确蹲踞式起跑的重点和难点。教授学生起跑器的安装方法（一般教授普通式，介绍拉长式和接近式）。使用普通式起跑，并使学生在自己调试好的起跑器上分别练习做"各就位"、"预备"以及蹬离起跑器后跑的动作，并反复练习，使身体适应起跑器起跑的姿势，感受蹬离起跑器的发力顺序，用力反馈，最后连贯练习起跑的三个动作使身体协调，用力流畅。

### 二、加速跑

在起跑器上做好"各就位"动作后，听教师发令，完整起跑并让学生体会迈第一步技术、摆臂技术、两腿蹬伸和前摆技术；然后听口令蹲踞式起跑，起跑后接 20～30m 的加速跑。

### 三、途中跑

学习摆臂技术。原地前后开立或成弓步做前后摆臂，摆臂的动作要领是以肩为轴，前后大幅度自然摆动：臂前摆时肘关节角度逐渐减小，后摆时肘关节角度逐渐增大；两手半握拳或手伸直，摆臂时肩要放松，避免躯干左右摇晃。

在直道上以中等速度做 60～80m 匀速跑。跑的动作应自然放松、协调、步幅开阔、富有弹性，之后做 60～80m 的匀加速跑，体会完整的途中跑技术。

做大步幅的往返跑，强调送髋的技术要领。

针对重点难点，加强摆动腿和跑动过程中放松技术的专门练习。加强摆动腿摆动技术的专门练习有小步跑、高抬腿跑、后蹬跑；加强跑动过程中放松技术的专门练习有加惯性跑、节奏跑等。

注意在途中跑的教学过程中，加强摆动腿摆动技术和跑动过程中放松技术的专门练习。强调摆腿和摆臂的协调配合，体会自然放松跑及大步幅跑技术；体会摆动腿积极折叠的摆动技术和下压扒地动作。

### 四、终点冲刺

在慢跑中做上体前倾撞线动作。

中速跑 15m，临近终点前 1～2m 时上体前倾，用身体躯干撞线。

快速跑 30m 做撞线动作。

注意撞线时不能起跳；过线后随惯性逐渐减速。

## 第四节　短跑训练方法与手段

对于初学者来说，采用先易后难，先分解后完整的练习方法。短跑项目的教学重点应该放在途中跑（占全程跑的 60%～70%）的技术环节上。且要以教会学生正确的摆臂姿势和两腿蹬地与手摆动的协调配合为重点。教学中应注意："各就位""预备""跑"（或鸣枪）三个过程动作的准确性及其之间的连续性。重点是起跑后加速跑，使其协调、连贯、积极有力，随着速度逐渐加快，逐渐增加步长，逐渐抬起上体。通过短跑的一些专门性练习，能够使学生初步掌握短跑的基本技术，了解短跑技术环节，以下介绍在短跑教学训练中经常采用的一些方法手段。

## 一、专项训练方法

### （一）蹲踞式起跑

枪响后，靠脚的力量迅速蹬离地面，双臂应迅速推离地面，做有效而有力的摆臂，当两脚蹬离起跑器后，双脚做快速有力的蹬地动作，快速有力的蹬地可以使人体缩短加速时间，增强加速效果，尽快达到最高速度。不要过早的完全抬起上体，国际大赛上，高水平的优秀运动员一般是在 30m 之后才把上体完全抬起，在 30m 之内上体是逐渐抬起来的。这样做也是为了取得更好的加速效果。最后，双臂应逐渐加大摆动幅度、加快摆动速度，并与下肢协调起来，以较好的身体姿势为进入途中跑创造良好条件。

（1）听信号各种形式（单人或集体等）起跑；听口令做"各就位"和"预备"动作，听到"预备"口令后做间隔时间不同的听信号起跑。注意集中精力听信号及听到信号后的快速启动。

（2）多人起跑练习，同伴用腿或手顶住肩做起跑动作。同伴用橡皮带在后方拉住腰做起跑动作等。注意姿势合理，便于发力。

（3）增加难度的起跑练习，上坡起跑、负重起跑等。

### （二）起跑后的加速跑

从起跑到达最高速度的过程称为加速度跑过程，该过程的目的是使人体尽快达到最快速度。常见的加速跑训练方法如下：

（1）原地快速高抬腿：这个练习既可以提高爆发力，又可以加快步频。

（2）行进间步跑：身体稍前倾，大腿抬起与水平线约成 35°～45°，膝关节放松，然后大腿下压小腿顺下压的惯性前伸，并快速以前脚掌积极着地，脚趾完成最后"扒地"动作，两臂前后摆动配合两腿动作，小步跑要求步幅小，频率快而放松。小腿自然伸开用前脚掌着地，支撑腿三关节充分伸展，骨盆前送，两臂前后摆动配合两腿动作。

（3）行进间高抬腿跑：运动者在交替抬腿的同时向前（快速）移动。在保持上身正直的情况下，两腿交替抬至水平位置。高抬腿跑的主要作用是训练腿部力量，提高下肢肌群的蹬撑能力。长期练习可以起到增强腿部力量，增大步幅，提高髋关节、膝关节、踝关节等下肢关节的力量、柔韧、协调性的作用。

（4）行进间后蹬跑：由行进间跑开始，下肢以较大步幅交替在空中完成的跑步动作，要求蹬地腿充分蹬伸，两臂前后大幅度摆动，使身体快速向前移动。完成动作过程中上体稍前倾支撑腿三关节充分伸直，用脚尖蹬离地面。摆动腿以膝领先带动髋部前摆出，大腿积极下压用前脚掌着地，两臂配合腿部动作做有力的前后摆动。

（5）快频跑阶梯：通过富有弹性的快速跑阶梯来提高步频，阶梯长度至少在 10m 以上。

（6）30～60m 计时跑：训练动作速度体会用力蹬地和避免过早抬头、抬体。体会膝关节为"小发动机"的肌肉用力感觉。

注意：以上练习，量不易安排过多，过多则成为有氧耐力练习，从而失去了训练速度的效果。比如：30～60m 跑安排 4～6 组即可。

### （三）途中跑

途中跑是短跑的主要部分，当速度达到最高后，要做的就是如何放松、大步幅、快频率的向终点跑进。

现在世界短跑的技术快速发展，表现在摆动腿抬的较高，并积极下压"扒地"并快转入后蹬。摆臂动作幅度大、频率快，因此，跑的动作给人有力、放松、快速而舒展的感觉。在步幅与频率的结合上，采用了保持高频率的前提下，以放松、协调的动作去获得更大的步幅，达到提高运动成绩的目的。下面介绍放松跑的训练方法：

#### 1. 下坡跑

放松能力必须在高速跑中进行。下坡跑提供了一个高速条件，使运动员充分体会到肌肉的放松感觉，在下坡跑时，要求步子轻松，步幅要大。

#### 2. 顺风跑

在有风天气，利用风速进行途中跑的训练，有利于提高运动员高速运动时的感觉能力，顺风跑时要求风速在 2～4m/s 以上进行。要求跑时动作大、放松，有意识的加快步频和步幅。

#### 3. 匀速放松大步跑

通常，强度在 70%～80% 的中速跑利于发展肌肉的放松能力。一般采用跑道或草地上进行 80～120m 中等强度的加速跑、重复跑来体会放松跑技术，建立放松跑的本体感觉。要求用舒展、协调、富有弹性的动作，充分送髋、摆腿、摆臂。

#### 4. 节奏跑

在训练时利用洪亮有节奏的加速信号或跑的节奏来训练运动员的快速放松能力，也能收到较好的效果。如根据教师击掌频率的快慢进行原地高抬腿练习；或者运动员按某一规律行的节奏跑动，使其产生韵律感，这种感觉既能发挥速度，又能节省体力，提高兴奋性，达到跑的技术的放松与合理化。一般采用变速跑（一段快一段慢）。在经过慢跑阶段放松调节之后，在高频率的基础上，要求快跑阶段要更富有弹性和放松感，以提高运动员放松跑的感觉能力。

## 二、力量训练手段

主要训练速度力量和最大力量两种，重点增加爆发力和相对力量，速度力量可以通过小负重的快跑、跳跃以及近似短跑动作结构的专门练习来增加；最大力量通过负较大重量的负重练习来实现。

### （一）俯卧推手击掌

（1）方法：将两手掌按地，两手掌间距与肩同宽，两腿向后伸直，用两手掌和脚尖作为支撑点，并保持背部向上腹面向下的姿势。开始俯卧时，双臂向身体两侧弯曲，使身体垂直下降，下降到肩、肘保持同一平面上。撑起过程中手臂发力使双手撑离地面并在空中完成击掌后恢复到原姿势。在整个过程中，要保持躯干、臀部和下肢处于挺直状态。

（2）目的：击掌俯卧撑是一种超等长力量训练，发展人的上肢力量和腹肌力量，可以提高人体静力性和动力性力量素质，改善人体生理机能。

## （二）快速两头起

（1）方法：平躺，两腿并拢自然伸直，两臂于头后自然伸直。起坐时，两腿两臂同时上举，向身体中间靠拢，以髋为轴使身体形成对折，然后恢复原状。两头起腿放下时要自然伸直，不要弯曲膝盖，手臂和腿要同时动作；两头起时吸气，腿放下时呼气，不要有意憋气。

（2）目的：通过不断刺激运动员的腹部腿部腰部肌肉，达到训练核心力量的效果。

## （三）快速蛙跳

（1）方法：两脚开立同肩宽，屈膝下蹲同时双脚向前上方跳起，两臂随身体自然摆动，落地后快速有力地再向前跳起，连续反复动作。两腿要尽量下蹲，起跳前做好预备姿势，人体重心在前脚掌，起跳时脚尖用力，起跳过程中腹肌要充分用力，尽量展体，以跳得更远。在跳的过程中尽量加快跳跃的频率。

（2）目的：蛙跳是发展大腿肌肉和髋关节力量的练习，蛙跳可以很好地增强腿部力量，增强腿部的爆发力和耐力，同时可以增加腿部和髋部的柔韧性。

## （四）单脚跳

（1）方法：以单脚为支点进行向前的跳跃，单脚跳要有弹性，步幅要大，最后几步减小步幅，最后一步稍降重心，踏跳脚后脚掌先着地，快速支撑，由后脚掌过渡到前脚掌，上肢协调摆动，完成起跳。注重蹬与摆的配合。如，左腿单脚跳，在积极蹬地的同时，右腿要积极前抬，并迅速地向后蹬。另外，还要注重手臂的前后摆动。

（2）目的：单脚跳能训练腿部力量，使腿部的爆发力、耐力都有一定程度地增长，对腰部力量也有提高。单脚跳的时候尽量让两脚交替进行，一是防止肌肉疲劳，二是使两腿的力量均衡发展。

## （五）跳栏架

（1）方法：在平整的跑道纵行排列10个栏架，运动员用双腿依次连续跳过每个栏架。栏架的高度和间距因人而异，随着训练水平的提高而不断增加栏高和加长栏间的距离。

（2）目的：通过不断的起跳练习，训练大小腿肌肉的力量和爆发力，同时兼顾腹肌力量的强化。

## （六）原地拉橡皮带向前或向后摆腿

（1）方法：使用一根弹力橡皮带绑住运动员的一条腿，被绑腿微微悬空，以另一条腿为支点，被绑腿快速向前或向后摆，克服橡皮带的弹力。练习者两手握固定栏杆，上体直立，一腿支撑另一脚踝关节系拉紧的橡皮筋，由后向前进行摆腿练习。在前摆过程中，要求屈膝折叠、膝部领先、支撑腿随摆动腿的前摆积极进行伸髋与后蹬，重心前移。由于大腿是从后伸部位向前摆动，可以使髋部肌群提前发力，改进摆动腿工作肌群的用力顺序。

（2）目的：增加髋部的柔韧性，优化跑步时送髋的动作，可以加大步幅。

## （七）杠铃深蹲

（1）方法：肩负杠铃，挺胸立腰，双眼平视，两脚开立与肩同宽，脚尖稍向外分开（站位呈外八字）。屈膝下蹲至大腿低于膝盖，大腿肌用力起立还原。杠铃运动轨迹要与人体的垂直轴相符（保持直上直下），屈膝时膝盖的方向朝着脚尖的方向，不要向内收。呼吸节奏要与动作节奏相吻合。意念集中在主动肌上。站立时膝关节最好保持微屈，目的是让大腿保持持续张力，使更多的肌纤维参与工作，并可减轻膝关节受力，防止膝关节损伤。

（2）目的：加强运动员下肢及全身力量。

## （八）杠铃卧推

（1）方法：仰面平躺在平板卧推凳上，以头部、上背和臀部接触凳面并获得牢稳的支撑，双腿自然分开，双脚平放在地板上，正手（虎口相对）满握（拇指绕过铃杆，与其他四指相对）杠铃杆，双手握距略比肩宽。从卧推架上取下杠铃，双臂伸直，使杠铃位于锁骨正上方。沉肩，并且收紧肩胛骨，然后在充分的控制下慢速下放杠铃，在乳凸略下处轻轻碰触胸部。随即向上、并且略向后推起杠铃，使杠铃又回到锁骨上方。下降杠铃，直到肘部达到肩膀的高度（杠杆下落时贴近胸上方），然后返回，保持肘部略微弯曲。

（2）目的：锻炼运动员手臂力量。

## （九）杠铃高翻

（1）方法：运动员保持后背挺直，抬头向前，从地面拉起杠铃，杠铃超过膝盖时，开始爆发性的向上提拉杠铃，稍作停顿，利用硬拉产生向上的惯性，将杠铃拉起到胸部高度，迅速翻转前臂，同时屈髋关节、膝关节，降低重心，将杠铃杆架在肩上。然后腿部发力，伸腿伸髋，将杠铃取下。保持背部挺直，腹部收紧，杠铃向上翻起要快，选择合适的重量、充分热身。避免受伤，全身同步发力。

（2）目的：强化上肢及核心力量，协调全身发力。

## （十）俯卧平板支撑

（1）方法：两脚自然分开与肩同宽，两臂与肩同宽并屈肘关节撑地。俯卧肘关节平行撑地，两腿伸直，脚尖点地，腰腹部用力向上顶髋，使头部、背部、臀部、腿部成一条直线，维持好平衡，单臂前平举，两臂依次交替进行。腰背部紧张，髋部上顶，手伸直，腰腹部发力保持身体平衡，手脚不晃动。

（2）目的：锻炼腹直肌、腹内外斜肌、背阔肌、竖脊肌、臀大肌、臀中肌、肱二头肌等肌肉，特别是腰腹肌深层小肌肉群。

## （十一）侧卧肘支撑顶髋单手侧平举（加同侧腿侧上抬）

（1）方法：侧卧，两腿并拢伸直，侧身单手肘关节屈肘撑地；侧卧时，单手肘关节屈肘撑地，两腿并拢伸直，一脚外侧着地，用力向上顶髋，使头部、肩部、臀部、腿部成一条直线，维持好平衡，单臂侧平举，两侧交替进行。腹部和大腿紧张，髋部上顶，两腿并拢伸直，髋部发力保持身体平衡。

（2）目的：锻炼腹直肌、腹内外斜肌、竖脊肌、阔筋膜张肌、股直肌、三角肌等肌肉。

# 第五节　短跑易出现的错误动作、产生原因及改进措施

## 一、含胸驼背，臀部向后撅身体重心上下起伏大（坐着跑）

### 1. 产生原因

（1）后蹬动作、展髋不充分；

（2）髋、膝、踝关节支撑力量差；

(3) 腰、腹、背肌肉力量差；
(4) 下压着地不够积极；
(5) 髋关节前送不够充分。

**2. 纠正方法**

(1) 讲清后蹬腿后蹬的发力顺序；
(2) 加强腰腹及支撑腿肌群的力量；
(3) 后蹬时强调摆动腿带动髋前送；
(4) 加强跑的专门练习和上坡跑、下坡跑练习。

## 二、摆动腿向前上方幅度小，摆动速度慢

**1. 产生原因**

(1) 后蹬结束后大小腿折叠不够充分，致使摆动腿前摆困难；
(2) 大腿前后肌群用力不协调；
(3) 上体过于前倾限制抬腿动作；
(4) 后蹬结束后，小腿后甩过高失去充分前摆的时机。

**2. 纠正方法**

(1) 加强大腿前后肌群力量训练；
(2) 纠正上体过分前倾的错误，强调髋关节前送；
(3) 反复练习高抬腿跑过渡到跑，保持收腹、提臀、紧腰的前倾姿势。

## 三、摆臂紧张：左右横摆，前后摆动幅度不等

**1. 产生原因**

(1) 对正确的摆臂技术概念模糊不清；
(2) 肩关节紧张造成耸肩；
(3) 关节力量差。

**2. 纠正方法**

(1) 在肩关节放松的基础上，反复做原地摆臂练习；
(2) 在中等速度的情况下改进摆臂技术；
(3) 加强上肢力量及灵活性，特别是肩关节。

## 四、前后腿蹬起跑器用不上力

**1. 产生原因**

(1) 做起跑"预备"姿势时，臀部抬得过高或者过低；
(2) 两脚没有压紧起跑器抵足板；
(3) 两臂前后摆动无力。

**2. 纠正方法**

(1) 调整"预备"姿势使两腿的膝关节角度适当减小，让两腿处于最佳的发力状态；
(2) 反复练习蹬离起跑器动作；
(3) 做迈第一步与摆臂组合的起跑练习；
(4) 做摆臂的辅助练习。

## 五、起跑后的加速跑上体抬起过早

### 1. 产生原因
（1）支撑腿力量差，害怕跌倒；
（2）起跑后头部过早上抬，导致上体过早抬起；
（3）起跑器踏板之间前后距离太近；
（4）起跑时先抬上体后蹬起跑器，手脚未同步运动。

### 2. 纠正方法
（1）加强摆臂摆腿和蹬离起跑器的练习；
（2）适当拉长起跑器踏板间的距离；
（3）加强腿部力量练习。

## 第六节　短跑比赛赏析

短跑作为最悠久的体育运动项目之一，它不仅仅是一场时间和速度的较量，它也见证着人类一次次打破自身的身体极限，每一次短跑纪录的打破，都代表着人类速度的突破！短跑尽管只有十几秒甚至几秒的精彩瞬间，但欣赏它的速度与激情，会令人感受到一往无前，超越一切的力量。

### 1. 短跑比赛的最佳观看位置

观众应该选择在跑道两侧的位置并尽可能选位于正侧面，而且观看位置要适当近景，这样就可以比较清楚地看到运动员间的你追我赶、奋力拼搏，也可以观察到运动员高速奔跑下的表情和动作姿态。

### 2. 短跑比赛的欣赏要点

欣赏短跑项目的最大看点就是观看运动员从极静到极动那短短几秒、十几秒的过程，如同昙花瞬间绽放出自身最大的潜能，激发自己的能力极限换取超越一切的速度。

### 3. 比赛中观众与运动员的互动

任何一场比赛都缺少不了观众，在短跑比赛中，观众与运动员的良好互动，为运动员比赛提供了良好的气氛，有助于运动员更好的发挥。在观看比赛过程中，应尽量做到以下几点：

（1）运动员出场时，观众应该给予鼓励和热烈的掌声。
（2）运动员热身前主动煽动观众热情时，观众要积极配合，给运动员信心，活跃比赛气氛。
（3）当运动员即将准备进入跑道时，观众应视现场情况报以热烈的掌声和欢呼声，以表示对运动员的喜爱和支持。
（4）当运动员开始准备起跑时，观众应保持安静，注意不要在看台上随意走动。
（5）运动员比赛束时，观众应报以热烈掌声和欢呼声表示鼓励。

# 第七章
# 跨栏跑

## 第一节　跨栏跑项目介绍

跨栏跑起源于英国，由牧羊人跨越羊圈栅栏的游戏演变而来。这项技术性强的运动项目目前一共经历了三个发展阶段，分别是：起源与发展阶段、形成与成熟阶段、突破与创新阶段。比赛时，运动员必须快速跨越栏架，除故意用手推或用脚踢倒栏架外，身体其他部位碰倒栏架不算犯规。

跨栏跑属于速度性的竞赛项目，它的成绩取决于参与者的平跑速度、完善合理的跨栏步技术和跑跨结合的能力。在跨栏跑项目中，男子110m栏全程共有10个栏，栏高1.067m，起跑到第一栏的距离为13.72m，最后一栏距终点14.02m，两个栏杆之间的距离9.14m；女子100m栏全程共有10个栏，栏高0.84m，起跑到第一栏的距离为13m，最后一栏距离终点10.5m，两个栏杆之间的距离为8.5m；男子400m栏与女子400m栏除了栏高数据不同，其他数据相同，全程共有个10栏，男子400m栏栏高为0.914m，女子400m栏高为0.762m，起跑至第一栏的距离为45m，最后一栏距离终点40m，两个栏杆之间的距离为35m。

## 第二节　跨栏跑技术

在正式开展的所有跨栏项目中，男子110m栏项目具有栏架高、速度快、技术复杂等特点，被称为典型的跨栏跑技术。为此，我们主要是以男子110m栏技术动作进行重点分析和学习。

### 一、起跑至第一栏技术

从起跑开始，加速跑至第一栏的起跨点，合称为起跑至第一栏。起跑至第一栏技术动作非常关键，它直接影响到整个跨栏跑的节奏。由于起跑线到第一栏的距离和加速跑的步数皆是固定的。整个起跑至第一栏的技术动作与短跑大致相同。其要求是以固定的步数跑到起跨点位置，进而做好过栏的准备。一般运动员在起跑时跑8步后上栏，也有因个人差异跑7步或者9步的（图7-1）。

图 7-1 起跑至第一栏技术

## （一）起跑

（1）起跑器的安装：所有跨栏项目均采用蹲踞式起跑。应根据运动员在起跑后到达第一栏的步数，来决定是将摆动腿还是起跨腿放在起跑器前端。例如起跑至第一栏需要 8 步，左腿为摆动腿右腿为起跨腿的情况下，安装起跑器时应将起跨腿（右腿）的一侧起跑器放在前面。

（2）当听到预备口令时，身体重心应当比短跑时稍高一些。这是为了在起跑后的步长较短跑时更长些，这样做有利于运动员较早地抬起上体，准备起跨过栏。

（3）为了给运动员跨过第一栏做足准备，应特别注意加速跑步幅的稳定，准确和节奏。切记步长不可忽大忽小，要循序渐进慢慢增加步长和速度。

## （二）起跑后的加速跑

（1）男子 110m 栏，起跑后的加速跑受固定的距离和步数的限制，还要特别的注意步长的准确性及为了上栏在加速过程中要控制好躯体与地面的角度。

（2）正确的加速跑技术：快速启动后双臂与双腿积极摆蹬，上体逐渐抬起，要逐渐加大后蹬角度和加大步长，在准确的步长节奏到达起跨点，然后身体重心以及步幅做好调整，为跨越第一个栏杆做好技术和心理上的准备。

（3）上栏前的最后两步要跑的更加积极一些。最后一步步长要求尽量小一些，从而有利于快速起跨。起跨腿到达起跨点后准备起跨，两腿在空中应积极绞剪。

总之，当运动员掌握和完善起跑至第一栏的技术动作后，就为全程跑打下了良好的技术、速度和节奏的基础。犹如大楼的坚固地基一样，才能使参天大楼拔地而起。因此，运动员一定要掌握起跑至第一栏的技术动作。跨过第一栏后，就进入了有节奏的连续跨栏周期。

## 二、跨栏步技术

跨栏步技术也称过栏技术。是指起跨脚踏上起跨点开始到摆动脚过栏着地为止的全过程。其任务是以保障运动员可快速越过栏杆的情况下，获得更多向前的力。即取得较大的腾空初速度较低的身体重心抛物线。获得跨栏步技术掌握起来相对困难，是我们学习跨栏跑的重点所在。为了便于学习，我们将其分成起跨攻栏和下栏着地两个阶段（图 7-2）。

图 7-2 跨栏步技术动作

## （一）起跨攻栏

它是跨栏步的开始，是指起跨脚踏上起跨点到起跨腿蹬地离开地面至重心腾空后达到最高点的技术。这一技术直接影响到过栏的速度和高度，同时也影响到过栏后的继续跑进。因此这一时期的任务主要是使身体重心要达到过栏时需要的腾起高度，并保持较高的水平速度。适宜的起跨攻栏技术要点如下。

（1）找准起跨点位置所在：在起跨攻栏时，确定好适宜个人所需的起跨点极为重要。如果起跨点距离栏架过远，会造成运动员心理恐惧加大上栏困难或者跨栏步过大。这样的后果是延长过栏腾空时间。如果起跨点距离栏架过于近，则会使摆动腿上抬受限，则加大了起跨腾起角度。优秀运动员的起跨点一般距离栏架 2～2.2m。

（2）保持身体重心的稳定：由于跨栏跑过程中移动速度较快，而且重心起伏变化较快。所以在起跨攻栏时如果重心太低会影响身体的稳定性，这对起跨也是不利的。

（3）起跨时，摆动腿应积极前摆。起跨腿蹬地向前上方迅速起跨。当身体重心透过支撑点上方进入攻栏阶段后，起跨腿要迅速伸展髋、膝、踝三个部位。同时髋部前送，上体稍稍前倾，摆动腿的异侧手臂也应前伸，使躯干与摆动腿的夹角减小。这样会使身体重心在较高的情况下有较大距离的前移。

（4）躯干与上肢应协调配合。两臂配合下肢前后摆动。保持身体平衡，避免身体发生偏离或者晃动。

## （二）下栏着地技术

下栏着地是指身体重心腾空达到最高点到摆动腿着地支撑这一动作过程。此时期的任务是使身体在快速运动的情况下不仅保持平稳，还要在不失水平速度的情况下转入栏间跑。合理的下栏着地的技术应符合以下要求。

（1）摆动腿积极下压，起跨腿迅速提拉：摆动腿在抬到最高点的时候需要积极下压，在过栏着地瞬间要保持膝关节伸直。同时起跨腿大小腿折叠外展，起跨脚的脚作背屈且外翻的动作，膝关节在腋下迅速向前上方提拉。摆动脚着地后起跨腿已经处在身体的正前方。注意，摆动腿的下压与起跨腿的提拉应同时进行，这样会使动作更加流畅。

（2）保持较高的身体重心：下栏着地时摆动腿的前脚掌率先着地，为减少地面对摆动腿的冲击力和身体重量对于摆动腿的冲击，要通过踝关节进行缓冲。在着地支撑时，保持较高的身体姿态，摆动腿的膝关节要保持伸直，这样会使着地时的重心高度高于起跨时的重心高度。

（3）摆动腿着地角度大，速度损失小：水平速度的下降率是衡量运动员跨栏跑成绩的重要指标之一。为了减少水平速度的损耗，也是为攻下一个栏做好速度保障，摆动腿的着地点应尽可能地靠近身体重心的投影点。也就是适当的控制摆动腿的着地远度来加大摆动腿与地面的角度。优秀运动员的着地点一般距离栏架有 1.3～1.4m。

（4）身体各部位的协调配合：在下栏着地过程中，上臂配合摆动腿的触地自然向上带动身体。摆动腿的异侧手臂应由前上方向后下方作较大幅度的划摆，这样做的目的是避免起跨腿在身体侧方向前提拉所产生的旋转力，控制身体不发生转动。

## 三、栏间跑技术

栏间跑技术动作过程是指从摆动腿下栏着地到起跨腿到达下一栏的起跨点之间的快速跑动的动作。这一时期的主要任务是尽可能加快运动员自身的跑速和步点的节奏，为过下一栏创造必要的前提条件。因为跨栏跑中栏高固定，栏间距固定，因此栏间跑与短跑的区别在于栏间跑有其特殊的步数、步频、步长。这一技术动作的特点是重心较高、步频快、节奏强。男子110m栏一般都是采用三步栏间跑法。这三步步长的比例是小大中。这三步每一步技术动作要求如下。

### 1. 栏间跑第一步

这一步应该是三步中最小的一步，应与下栏动作紧密结合。其任务是尽快地将跨栏动作转化成平跑动作，为栏间跑节奏和速度的发挥打下坚实的基础。这一步比较小的原因是，由于过栏需要一定的腾空时间，另外还需要一定的腾空高度，导致运动员速度下降较大。再有是因为下栏是摆动腿直腿支撑，这时摆动腿参加后蹬用力地伸肌群已经处于被深度拉长状态，与此同时起跨腿经过外展提拉后放脚落地。而且在跨栏跑运动中起跨腿与摆动腿的动作不同于短跑的交叉换步动作。

### 2. 栏间跑第二步

第二步步长应最长，这一步是快速跑进的关键。这时运动员基本恢复了正常跑步动作，栏架已经消除了对其自身的干扰。这一步的技术特点应该是力量强、速度快、抬腿高，运动员要把精力放在放大步幅的同时努力争取步速。

### 3. 栏间跑第三步

第三步步长宜中等。这一步与起跨攻栏技术紧密相连，运动中要时刻为起跨做准备。这一步应该是栏间跑最快的一步。这一步的技术特点是：身体重心保持较高位置，抬腿不高，速度要快。

## 四、终点跑技术

终点跑是全程跨越第10个栏架后到终点的这一段距离的跑动。由于跨越最后一个栏架后不受任何栏架和步点的约束，因此过最后一个栏时摆动腿要更积极下压，着地点可以适当放近一些。起跨腿一过栏架就应先摆出。终点跑要注意加强运动员的后蹬和摆臂，加快步频，以最快的速度冲过终点。在距离终点还有最后一步时，上体要急速前倾，准确及时地用胸部撞线。

# 第三节　跨栏跑技术教学方法与手段

## 一、准备活动

跨栏跑是一项技术性、节奏型较强的运动项目，其对于运动员的自身条件以及素质水平要求比较苛刻。为了充分利用课堂时间，促进学习者尽快掌握跨栏跑的技术动作，在课上准备活动中除了要做常规准备活动外，还应该多采用专项准备活动的练习，为跨栏跑的学习做好铺垫。

跨栏跑常见的一般性准备活动有：髋关节的柔韧性练习，利用肋木与栏架进行起跨的提拉和摆动腿的蹬地与积极下压的练习，利用栏架进行原地、行进间跨栏的诱导练习以及各种压腿练习等。

## 二、技术动作的教学

在教学过程中，通常是以跨栏步、栏间跑、起跑至第一栏、终点跑的顺序学习全程的跨栏跑技术动作。教练要分清每一阶段学习的侧重点所在。在教学中注意以跑跨结合的能力为重点教学内容，以先教栏间跑为主。在教学方法上采用先完整后分解的方式，待学习者的跑跨能力提升后，开始让学习者体会正确的动作路线直接过栏。

## （一）介绍跨栏跑完整技术概念

在正式学习开始前教练要大概讲解跨栏跑的特点、比赛项目和锻炼价值。可通过图片、录像等多媒体教学工具讲解跨栏跑的基本技术原理。或者通过自身的讲解示范进行讲解，来提出跨栏跑的要求。一来可以充分激发学习者的学习兴趣，二来帮助学习者形成良好的动作表象，帮助其建立正确的跨栏跑技术概念。

## （二）跨栏步的教学步骤与方法

跨栏步技术动作相对比较复杂，因此教学时长应占有较大的比例。在开始阶段，必须让学生明确正确的技术概念以及动作要点。然后要把动作分解成单个的技术动作练习，然后过渡到完整的跨栏步技术动作练习。

（1）学习摆动腿过栏技术：摆动腿在过栏技术中被总结为，攻、摆、压、撑四个字。"攻"为屈膝抬腿攻栏；"摆"指提膝后大约大腿与地面水平时，小腿向栏板伸摆；"压"为摆动腿的脚过栏后要积极下压大腿；"撑"摆动腿迅速下压着地支撑，髋膝踝三个关节近乎伸直，保持较高的身体重心。

（2）学习起跨腿过栏技术：起跨腿在过栏技术中，被总结为边拉边收边外展。即起跨腿在蹬离地面后迅速外展，收紧小腿使大小腿折叠的同时迅速向前提拉。要求膝高踝低勾脚尖，即起跨腿在提拉过程中膝关节始终高于踝关节，脚尖勾起向前提拉。

## （三）起跑至第一栏的教学步骤与方法

起跑至第1栏一般选择8步上栏。学习者要结合自身的情况来确定适宜的起跨距离。起跑至第一栏技术总结概括为快准稳。"快"是指起跑快，加速快；"准"是指步点准，起跨点准；"稳"是指栏前跑节奏稳。

（1）步点：站立式起跑跑八步，检查步长和起跨点。

（2）当发现学习者的步点不正确时及起跨点或远或近时，可在跑道上放标志物来帮助学习者建立空间感觉。

（3）起跑过第一栏专门性练习：起跑后8步以起跨腿或摆动腿在栏架一侧过栏。

（4）熟练后完整练习起跑跨过第一栏。要求起跑后步长逐渐加大，两腿蹬摆有力富有弹性。起跑到第6步时抬起上体，准备按技术要求起跨，过栏后继续跑进。

（5）熟练后采用蹲踞式起跑跑过第一栏。

## （四）跨栏步与栏间跑的技术结合教学步骤和方法

现代跨栏跑的技术核心是一个字——快。表现在栏间跑要快，完成动作要快，跑转跨、跨转跑转换要快。

（1）以开始采用站立式或者蹲踞式起跑跨过2~3个栏。一开始可以适当把栏间距缩短和栏高降低。

（2）站立式起跑或者蹲踞式起跑跨过3~5个栏。栏高和栏间距根据学习者的情况确定。

（3）适当缩小栏间距，让学习者连续跨过5~8个栏。培养学习者栏间快速跑跨的节奏。

（4）蹲踞式起跑跑过5~10个栏的练习。注重培养学生栏间跑的节奏。

## 第四节　跨栏跑训练方法与手段

跨栏跑项目的训练因其项目特点比较繁琐，对运动员的身体素质要求较高。所以该项目一般以技术训练和身体素质的训练为重点。

### 一、跨栏跑的技术训练

跨栏跑的技术训练在跨栏跑中占有重要作用。起跑至第一栏技术、过栏技术、栏间3步跑节奏缺一不可。首先娴熟的运动技术可以体现运动员的运动水平，其次熟练的跨栏技术是对于运动员的一种保护，避免运动员在跨栏跑运动中受到运动损伤。

#### 1. 跨栏直角坐练习

动作要领：练习者成跨栏姿势坐在垫子上，摆动腿伸直，起跨腿在身体侧面外展，大小腿折叠。起跨腿与摆动腿的大腿夹角近似90°。上臂自然曲肘。双眼目视前方。准备姿势完成后，摆动腿异侧手臂与摆动腿平行前伸，肘部超过膝盖的位置，摆动腿同侧手臂曲肘后摆。重复此动作进行练习（图7-3）。

图7-3　跨栏直角坐练习

#### 2. 摆动腿的攻摆练习

动作要领：橡皮带一头固定在运动员前方较高位置，另一头固定在运动员脚踝处，摆动腿做快速的下压摆动，两腿交换进行练习（图7-4）。

图7-4　摆动腿的攻摆练习

#### 3. 橡皮带的起跨腿提拉摆动

练习要求：橡皮带一头固定在运动员前方较低位置，另一头固定在运动员脚踝处，运动员扶肋木做起跨腿的快速前拉摆动，两腿交换进行练习（图7-5）。

图 7-5 起跨腿提拉练习

**4. 摆动腿过栏角练习**

动作要领：在跑道上放 5～8 个栏，练习者在摆动腿一侧向前走动。当到达起跨腿距离栏架 0.5m 时，起跨腿蹬地起跨，摆动腿屈膝高抬前摆，做出攻栏姿势。当摆动腿脚掌到达栏架的瞬间，摆动腿积极下压。同时起跨腿屈膝外展迅速提拉至身体正前方（图 7-6）。

图 7-6 摆动图过栏角练习

**5. 起跨腿提拉过栏角练习**

动作要领：在跑道上放至 5～8 个栏架，练习者选择起跨脚的一侧向前行进。当起跨腿到达距离栏架大约半米的时候，蹬地提踵起跨，伸展髋膝踝 3 个关节，摆动腿字在栏架侧屈膝高抬前摆着地后，起跨腿迅速屈膝外展，迅速提拉过栏经腋下至身体正前方，前脚掌着地缓冲，上体积极配合。

**6. 起跑至第一栏标志物练习**

动作要领：学习者站在栏侧进行训练，只跑不跨。学习者在学习起跑至第一栏技术动作时起跨点的位置常常不固定。为此，教练员在练习时要根据学习者自身的特点安排具体的栏高和步幅，并在沿途放置标志物。

## 二、跨栏跑素质训练常用方法

身体素质包括速度、力量、耐力、柔韧、灵敏。跨栏跑作为一项技术性复杂的田径项目，它的专项素质训练主要也是包括这几个方面。

### （一）专项速度训练

速度能力对于乱跨栏跑成绩起着决定性作用。包括反应速度、动作速度、位移速度。长用的方法有：平跑速度练习，包括 30m 跑、60m 跑、下坡跑、牵引跑等；动作速率练习，包括快速摆臂练习、高抬腿练习等；栏间跑速以及过栏练习，包括5～7栏跨栏跑、下坡跑接平跑过栏、不同栏间距和不同栏高的重复跑等。

## （二）专项力量训练

力量素质包括自身最大力量、速度力量、力量耐力。主要方法有：练习最大力量，身体的常规负重练习，例如杠铃深蹲、负重转体、负重健步走等；练习速度力量常用的方式有，快速推哑铃、半蹲跳、后抛实心球等；力量耐力的练习方法有，杠铃负重高抬腿走、杠铃负重150m跑、负重高抬腿120m跑。

## （三）专项耐力训练

跨栏跑运动项目要求运动员无氧糖酵解能力强。常用方法有：各种不同强度的间歇跨栏跑、各种短跑的速度耐力的训练等。

## 三、跨栏跑心理训练

由于跨栏跑技术的特殊性，为了训练以及教学的顺利进行，同时主要是为了克服两种畏惧心理（训练中对栏的畏惧以及比赛中对于对手的畏惧），必须进行适当的心理训练。

## （一）对于训练中的恐惧心理训练：

在训练中，为了克服学习者的恐惧心理，教练员可采取以下几种办法：

（1）教练员要充分了解学习者的特点、性格、水平，并制定适合运动员的心理训练计划。

（2）加强练习者的思想教育工作，不断激发学习者的责任感和荣誉感，培养其良好的心理素质品质，敢于克服困难。

（3）在训练过程中，教练员要注意给予学习者一定的语言提示，以便在训练中使学习者掌握正确的技术动作，不断给予学习者积极正面的暗示，增强练习者的自信心。

（4）教练员在训练开始阶段中，应采用降低栏高、缩短栏间距的方法，使练习者轻松过栏，增强运动感觉，培养其节奏感和速度感，增强学习者的自信心和对于该项目的喜爱。

## （二）对于比赛中的恐惧心理训练

比赛中往往伴有一定的突发状况，会给运动员带来一定的心理变化。这往往会影响比赛的正常发挥。可以通过以下方式进行训练调节。

（1）针对运动员的心理特点进行赛前疏导，分析比赛中可能遇到的问题以及解决方法。

（2）在平时训练中可以模仿重大赛事的环境氛围，使练习者增强对于比赛环境的适应性。

（3）在恶劣的环境下进行训练，培养学习者不怕吃苦，勇敢拼搏，不畏艰难的优良意志品质。

（4）通过深呼吸，听音乐等方式来放松自我，同时加强积极的心理暗示。

（5）正确看待比赛结果和奖励。教练员要培养学习者正确的体育价值观，学会理性接受比赛结果和奖励。

# 第五节 跨栏跑常见错误动作、产生原因及改进措施

## 一、跳栏

（1）产生原因：起跨时重心低，并靠后；起跨点距离栏架太近。

（2）纠正方法：事先为运动员选好适宜的起跨点并做好标志。降低栏架的高度，消除恐惧心理。作正确的示范动作。

## 二、摆动腿直腿攻栏或直腿绕栏

（1）产生原因：学习者对于跨栏技术动作不清楚，动作不到位，摆动腿前摆时大小腿折叠不够，小腿过早前伸，且学习者的身体柔韧性较差。

（2）纠正方法：教练员讲清前摆腿的技术原理和动作要求；学习者反复进行前摆腿的屈腿前摆练习动作；反复做摆动腿栏侧过栏练习。增加腿部柔韧性的练习。

## 三、下栏后身体失去平衡，动作停顿

（1）产生原因：身体重心起伏过大，摆动腿着地后起跨腿提拉不到位。

（2）纠正办法：多做各种跨栏专门性练习，多做上下肢协调配合模仿练习。

## 四、栏间第一步太小，影响栏间节奏

（1）产生原因：重心靠后，下栏停顿，起跨脚下栏后放置不靠前。

（2）纠正方法：栏间第一步下栏后起跨脚尽力向前放。可在下栏第一步放置一标志物。

## 五、栏间第二步跨跳，节奏不当

（1）产生原因：跨栏步技术动作不正确，导致下栏后速度降低第一步过小；腿部力量不够，栏间距离长，三步有困难；对于三步上篮充满恐惧感。

（2）纠正办法：分析和丈量栏间三步的实跑距离，结合学习者的步长，解除其心理障碍。发展下肢力量，并且注意下栏后第一步的步长。

## 六、起跑至第一栏的起跨点不稳定

（1）产生原因：对起跑节奏掌握不好，起跑加速不够，起跑至第一栏技术节奏不稳定，自信心不强。

（2）纠正方法：改进起跑技术反复练习起跑后的八步跑，降低第一栏，增强自信心。

## 七、栏间跑倒小步，节奏紊乱

（1）产生原因：摆动腿下栏着地不积极，起跨腿提拉过早，过栏后两腿几乎同时着地，破坏节奏；心理素质差，惧怕上栏或者对栏间三步跑缺乏信心。

（2）纠正办法：纠正跨栏步技术，教练可以做标准示范，并且对学习者讲清楚跨栏步的技术动作原理；教练可从跨简易栏开始诱导练习，客服学生的心理障碍；根据学习者的实际情况来规定步长，放置标志物来辅助学习者练习。

## 八、跨栏跑常见运动损伤及处理办法

跨栏跑是一项具有难度的运动项目，速度快，强度大，对身体要求高，因此在运动中难免会存在运动损伤。常见的发生在跨栏项目中的运动损伤包括崴脚、肌肉拉伤、关节损伤、韧带损伤、碰撞、擦伤等，严重的还有骨折、骨裂等。受伤的部位主要集中在腰部关节、膝关节、踝关节、大小腿等下肢部位。损伤的类型有急性损伤、慢性损伤、急性转慢性损伤等。

在跨栏运动中出现运动损伤的原因有：主观上有，运动技术不熟练、运动技术存在错误、心理恐惧以及对于损伤认识得不全面、准备活动不充分等原因；客观上，场地器材、天气气候、训练负荷安排是否合理等。

如果在跨栏运动中出现运动损伤，例如肌肉拉伤、崴脚等，现场需要做的就是用冷敷的方法，使关节处积液少量流出。从而达到预防肿胀的作用。

运动损伤切记，24 小时内冷敷，不要乱用药物，尽量少活动。24 小时后热敷，可以使用红花油等，加以按摩以促进血液循环，吸收关节积液，活动关节达到舒筋活络的作用。

## 第六节　跨栏跑比赛赏析

### 一、了解跨栏跑项目的历史

跨栏跑起源于英国。由牧羊人跨越羊圈栅栏的游戏演变而来。1935 年将 T 形栏架改成 L 形栏架。现代奥运会比赛项目分为：男子 110m 跨栏跑、400m 跨栏跑（1896 年列入）；女子 100m 跨栏跑（1972 年定为 100m 跨栏跑）、400m 跨栏跑（1984 年列入）。

### 二、欣赏运动员精湛的跨栏技术

跨栏跑技术包括：起跑至第一栏、跨栏步、栏间跑、终点跑 4 个部分。从技术欣赏角度来看，全程跑技术主要通过身体重心的平稳性，跑的直线性和实效性来判断。而跨栏技术则由 4 个标准来判断。

（1）起跨攻栏瞬间的身体姿态与速度。
（2）跨栏步的身体重心高度。
（3）摆动腿和起跨腿在栏上的绞剪速度。
（4）栏间跑与跨栏步的衔接速度。

### 三、欣赏运动员迅猛的速度和快速的节奏

从外形来看，运动员跨栏时"跑与跨"结合的波浪式跑姿非常好看；从跑的节奏来看，以最快频率完成"小 - 大 - 中"的栏间三步节奏是取胜的核心。

# 第八章
# 跳远

## 第一节 跳远运动的项目介绍

### 一、跳远运动的发展

在古希腊奥林匹克的"五项运动"中就有跳远。当时跳远的设施非常简单，只是把地面的土质刨松，然后在前面放一条门槛代替起跳板。为避免落地时产生伤害事故，以后用沙坑代替了松土。18世纪末，法国教育家古特木斯和雅安把跳远列为锻炼身体的重要项目之一。

当前世界跳远项目仍旧朝着追求助跑速度快、跑跳结合更加连贯、起跳有力的趋势发展。20世纪70年代出现前空翻跳远，因危险性大，被国际田联禁用。最初运动员是在地面起跳，1886年开始采用起跳板。起跳板白色，埋入地下，与地面齐平，长1.22m，宽20cm，距沙坑近端不少于1m。起跳板前有起跳线，起跳线前有用于判断运动员起跳是否犯规的橡皮泥显示板或沙台。运动员必须在起跳线后起跳。比赛时，如运动员不足8人，每人可试跳6次，超过8人，则先试跳3次，8名成绩最好的运动员再试跳3次。以运动员6次试跳的最好成绩排列名次。

### 二、跳远运动的竞赛规则

#### 1. 平局

在同一场比赛中，当运动员最好成绩出现平局的时候，由比较次好成绩决出胜负。如果还不能解决问题，就比较第三好的成绩，以此类推，如仍相等，并涉及第一名者，则令比赛队员，按原来的比赛成绩，进行新一轮试跳，直到决出名次为止。

#### 2. 犯规

跳远比赛中有下列之一情况即判犯规：
（1）运动员以身体任何部位触及起跳线之前的地面；
（2）从起跳板两端之外起跳，无论是否超过起跳线的延长线；
（3）触及起跳线和落地区之间的地面；

（4）在落地过程中触及落地区以外的地面，而落地区外的触地点较落地区内的最接近触地点更靠近起跳线；

（5）离开落地区时，运动员在落地区外地面的第一触地点较落地区内最接近触地点和在落地区内因身体失去平衡而留下的任何痕迹更靠近起跳线；

（6）在助跑或跳跃中采用任何空翻姿势；

（7）还未通知该运动员试跳，而进行试跳，不管是否成功，都应判该次试跳失败；

（8）无故错过该次试跳顺序；

（9）跳进沙坑之后，应一直向前走或向两侧走沙坑，如果向后走出沙坑成绩无效；

（10）无故延误时限。

### 3. 测量尺度

跳远距离的测量是从起跳线远端量起到跳远运动员在沙坑中留下的最近痕迹为止。如果出现非整数的情况，则长度数值应四舍五入到最接近的厘米数。

### 4. 风速助力

跳远的成绩在顺风风速超过 2m/s 的时候不能承认为新的世界纪录。

### 5. 成绩计算

如果运动员在跳跃时遇到障碍，裁判员可以判妨碍并给予第二次试跳机会。运动员在比赛期间可以离开比赛区，但必须经过裁判的批准并由裁判陪同离开。比赛进行过程中运动员不能接受帮助，除非是经过指定的医务人员进行身体检查或者与不在比赛区里的个人进行交谈或其他通讯联络。裁判可以因运动员超过比赛时间限制而不按规定跳跃判罚试跳无效。如果在 1min 的试跳时间用尽前已经起跑则成绩有效。

## 第二节　跳远技术

### 一、跳远技术的动作结构要点

跳远属于非周期性项目，为了便于分析技术动作，我们把一整套连续技术动作按照顺序分解为助跑、起跳、腾空和落地四个部分（见图 8-1）。

图 8-1　跳远技术连续图（"二步半"走步式跳远技术）

### 二、跳远技术四个阶段的技术要点

#### （一）助跑

##### 1. 助跑的目的

为准确踏板起跳做好准备并给起跳提供最大起跳速度。

**2. 助跑技术要点**
（1）助跑距离可在 10m（初学者）和多于 20 步（有一定基础的运动员）之间变化。
（2）跑步技术与速度跑类似。
（3）速度持续增加直到起跳板。

## （二）起跳

**1. 起跳的目**
将垂直速度增大到最大和将水平速度的损失减少到最小。
**2. 技术特点**
（1）落步积极且快速，伴有"落下和后摆"动作。
（2）起跳时间减至最小，起跳腿最小弯曲。
（3）摆动腿的大腿摆动成水平位置。
（4）髋、膝和踝关节尽量伸直。

## （三）腾空

腾空目的是起跳后维持身体平衡，为落地做好准备。
（1）蹲踞式技术要点
① 总体要求，起跳离地后保持腾空步姿势至飞行最高点。
② 起跳离地后，摆动腿保持起跳时的前摆姿势完成腾空步。
③ 躯干保持正直。
④ 腾空后，起跳腿尽量伸直并保留在身体后方。
⑤ 当人体飞行过腾空最高点后，起跳腿弯曲，向前和向上提拉。
⑥ 双腿尽量向前伸展落地。
（2）挺身式技术要点
① 起跳离地后，摆动腿以髋为轴下放摆动腿。
② 挺身展髋，推动髋关节前移。
③ 下放的摆动腿摆至身体后方，与起跳腿平行位置。
④ 双臂直接上举或经体侧绕至上举。
（3）走步式技术要点
① 双臂做前后摆动维持空中持续跑步动作。
② 双腿保持最后的助跑动作节奏。
③ 落地时，双腿并拢伸展，向前。
④ 不同技术：在腾空中，采用二步半或三步半技术。

## （四）落地

**1. 落地的目的**
通过动作尽量小地减少距离损失。
**2. 技术要点**
（1）双腿上举前伸小腿，脚触沙后，双腿完成积极前压脚掌，屈膝。
（2）躯干随屈膝动作前屈。
（3）双臂快速完成由后摆转前摆的动作。
（4）带动髋关节前移过落地点。

## 第三节  跳远技术教学方法与手段

### 一、跳远教学

要想展现出更合理的起跳技术，学习跳远的学生需要具备良好的速度和弹跳力作为基础，也要具备较强的节奏感。所以，建议跳远教学安排在短跑、跳高及跨栏跑等项目的教学之后。

跳远的教学中应把助跑与起跳结合技术作为上课的重点。注意在正确掌握助跑、起跳技术的基础上学习空中动作。教学初期，应适当缩短助跑距离，降低助跑速度，以便掌握动作。在掌握动作以后，应强调加长助跑距离和提高助跑速度。跳远的动作形式较简单，但技术性强。在教学开始时，应使学生从思想上重视跳远技术。

**1. 使学生对跳远技术有初步的了解**

结合视频图像、图片等直观教具和完整的跳远动作示范，简明扼要地讲述跳远的意义和技术特点。

**2. 学习和掌握快速助跑与正确起跳相结合的技术**

（1）教学方法

① 原地模仿起跳动作。以摆动腿支撑，膝微曲，随着身体重心的前移，起跳腿屈膝前摆，然后从上向下做放松自然下压动作，同时摆动腿膝关节踝关节放松，大腿抬起，小腿自然垂直于地面。两臂先学习前后摆动，在掌握下肢动作后学习腾空步摆臂姿势。最后掌握由步行到小跑最终速度跑行进间的腾空步技术。

此练习可在跳箱或肋木前进行。起跳结束时，将摆动腿踏上跳箱或肋木横梁（约40~50cm高），以体会正确的姿势。此练习还可在成俯角的斜板上进行。在斜板上做这一练习，容易使起跳动作做得充分。

② 高抬腿跑（或一般跑）结合起跳，起跳动作同上。短、中距离助跑的"腾空步"练习。助跑起跳后，保持"腾空步"姿势，以摆动腿着地，接着向前跑进。

③ 此练习也可在俯角斜板上进行，以利于完成快速的起跳和体会起跳中的向前用力。

（2）注意事项

① 起跳腿落地时不要重踏，着地后身体要在最后一步摆动腿的快速蹬摆作用下快速前移。起跳结束时，上体接近正直，起跳腿充分伸直，摆动腿屈膝高抬。

② 做助跑结合起跳或短、中距离助跑的"腾空步"练习时，应强调起跳前身体重心不下降，不出现停顿和不改变跑的姿势。

③ 丈量短、中距离助跑的步点，一般采用走步丈量法。走的步数一般为：跑的步数乘2减2，如丈量8步助跑时，走14走即可。也可使用反方向助跑测量，保持助跑节奏不变，由起跳版向助跑起点方向进行预定步数的助跑，最终起跳的位置即为助跑起始点。

④ 为了使学生有一个准确踏板的概念，又不过于受到约束，可在起跳的地方划较大的起跳区。随着动作的熟练和步幅的稳定，起跳区应逐渐缩小到起跳板的宽度。

**3. 学习和掌握落地动作**

（1）教学方法

① 原地跳起，在空中抱膝。

② 立定跳远。

（2）注意事项

① 学习落地技术，应注意三个环节：抬腿；伸腿；前移重心。

② 做跳起空中抱膝练习时，强调膝向胸靠拢，并尽可能使膝触及胸部。

③ 为了体会落地前的抬腿和伸腿动作，可允许学生着地后臀部坐在沙面上，但要强调收膝举腿。

④ 着地后前移身体重心的动作，应在初步掌握抬腿和伸腿动作以后进行。学习前移身体重心的动作时，应强调着地后及时屈膝、"送"髋，并利用两臂前摆，使身体重心移过落地点。

⑤ 不要用很多的时间专门学习落地技术，可在以后的完整练习中逐步巩固和改进。

#### 4.掌握蹲踞式的空中动作

掌握了"腾空步"和落地技术以后，只要将"腾空步"和落地动作连接在一起，就是蹲踞式跳远。学习蹲踞式技术的基本方法是短、中距离助跑的完整跳远练习。对"蹲踞式"空中动作的要求是：有明显的"腾空步"和身体平衡。

#### 5.掌握挺身式的空中动作

（1）教学方法

① 原地或行进间的挺身式跳远的模仿练习。此练习可分成三个节拍：模仿起跳结束时的姿势；放下摆动腿，同时"送"髋挺胸，两臂向下、向后摆动；模仿落地前的收腹举腿。

② 同上练习，从高处跳下，落到松软的沙坑或海绵包上。

③ 跳绳练习，两腿前后分立（摆动腿在前），两腿依次连续单跳单落，体会放下摆动腿"送"髋和挺身的动作。进行这一练习时，起跳腿始终留在后面，摆动腿下落时，着地点尽可能靠近身体重心的投影点，同时注意"送"髋。

④ 助跑起跳后，摆动腿放下并"送"髋，然后稍收腹，身体以较直的姿势落地。

（2）注意事项

① 摆动腿下落时，注意同时做"送"髋的动作。

② 在空中要挺胸展腹，身体要放松舒展，并注意适当延长这一挺身动作的时间。

③ 挺身式跳远时，要防止动作紧张和身体后仰。

#### 6.改进和提高完整的跳远技术

（1）教学方法

① 增加助跑距离，提高助跑速度。

② 提高专项素质的练习。

③ 利用评比和竞赛改进技术，提高运动成绩。

④ 测验和小结。

（2）注意事项：在这一教学阶段中，对动作的质量要提出较高的要求，注意动作的连贯性，在保证动作结构正确的基础上做到：助跑快、踏板准、动作幅度大、腾空稳和落地远。

## 二、跳远教学手段

### （一）跳远的技术练习手段

跳远技术训练应贯穿于整个教学的始终，培养学生有效保持由节奏的步长和步频的能力，逐渐提高助跑的速度和控制速度的能力；培养学生上板前的速度节奏感和加强起跳时的"攻板"意识；快速和强有力的起跳动作 并形成适宜的起跳角度和获得最大的腾起初速度；良好的空中姿势和尽量前伸的落地技术。

**1. 改进助跑技术的练习**

（1）在不同质量的跑道（或在2°～3°的斜坡道上），进行长于全程距离的助跑（多跑2～4步），并利用助跑标志，以稳定最后6～8步的步长。

（2）采用固定每步距离的加速跑、踩点跑和行进间跑的反复练习，直至运动员形成动力定型。

（3）进行变换节奏的加速跑和跑的练习，以培养对跑速和动作的控制能力。

（4）在跑道上按全程助跑距离进行全程助跑的反复练习，取消起跳板的限制，要求运动员的助跑接近平跑，要发挥最大的水平速度。

（5）在助跑道上采用标记进行全程助跑接起跳练习，丈量出全程助跑距离，每两步之间放置标记，要求运动员要克服因起跳而使助跑最后几步速度减慢的问题，加快助跑与起跳的衔接。运动员要反复练习直至形成"上板"积极、起跳有力、动作连贯流畅的助跑起跳技术。

（6）按预定的时间跑完一定的距离，培养速度感。

**2. 改进起跳技术的练习**

（1）反复进行不同助跑距离的助跑起跳练习，培养下肢肌肉用力感。

（2）在跑进中，每跑5～7m起跳一次，逐渐加快跑和跳的节奏。

（3）4～8步助跑起跳后，用手、头、胸部或摆动腿触及悬挂在空中的物体，最好能落到沙坑内。

（4）短程助跑单足跳，或助跑4～6步快速状态下起跳腿单足跳，要求越过一定高度的栏架，落入沙坑。

（5）快速助跑下多级跳、跨步跳等，要求摆动腿向上向前快速摆动。

**3. 改进助跑和起跳结合的练习**

（1）跑进中，每跑5～7步进行一次起跳，腾空越过实心球后继续跑进，注意逐渐提高跑速。

（2）在2°～3°的下坡道上进行快跑起跳练习。

（3）全程助跑的"腾空步"练习，强调最后6步用最高速度，并注意跑得放松。

（4）全程助跑，有意识加大最后几步助跑和起跳中的向前用力，体会快跑中起跳的用力感。

**4. 改进腾空和落地技术的练习**

（1）在吊环上，先用摆动腿，接着用起跳腿做蹬地动作，并在离地后继续模仿跑步动作。

（2）在吊环上，当吊环向后摆时，两腿屈膝向胸部靠拢，当吊环向前摆时，两腿前伸。

（3）在单杠上摆动，前摆时两腿迅速屈膝上举并伸腿，然后向下、向后摆动。

（4）原地跳起，做抱膝或收腹伸腿动作，落在软地。

（5）在器械上，做空中姿势的模仿练习。

（6）在完整的跳远练习中改进空中和落地动作。

## （二）跳远的身体素质

快的速度和较好的弹跳、力量、灵敏性、柔韧性等素质和放松协调能力是学生掌握合理的跳远技术和提高跳远成绩的必要条件。

**1. 发展速度**

发展速度要以提高短跑能力为主，并同跳远助跑结合起来。要跑得放松而有弹性。发展速度的手段有各种跑的专门练习；短距离反复跑、行进间跑和改变节奏跑；上、下坡跑，弯道转入直道跑，平地转入上坡跑和下坡转入平地跑等。跨栏跑除了可以发展速度外，还能培养跑的节奏感，放松协调和快跑中进行起跳的能力。

### 2. 发展快速力量

快速力量（爆发力）是跳远必备的重要素质之一，训练时应注意使速度和力量密切结合。训练的主要方法是进行中等重量的负重练习，如跳深、负重提踵、负杠铃原地跳、负重弓箭步走、负重克制性半蹲跳等。大重量的练习主要有负大重量蹲起、用各种方法举杠铃和双人对抗性练习等。练习时，注意使动作结构、关节曲度和用力特点与跳远技术相似，并且要同跑和放松练习结合起来进行。

### 3. 发展弹跳

发展快速力量和跳跃能力能有效发展弹跳力，其主要练习有：一般跳跃练习如单足跳、跨步跳、分腿跳、蛙跳、直腿跳、提踵跳等；跳越障碍练习如跳越栏架、跳上台阶或各种标志物，如跳箱、跳凳、海绵方块等；与专项技术相近的跳跃练习如助跑跳起触高、跳高、多级跳和三级跳远等。

### 4. 发展柔韧与协调性

好的柔韧性与协调性能有助于力量和速度等身体素质的发展与发挥，对运动员的神经支配能力与肌肉控制能力有极大的促进作用。其主要练习方法有：各种形式的静力拉伸练习、各种方向与幅度的压腿、踢腿和摆腿练习、各种形式的肋木动态拉伸练习、跳绳、十字跳、跳绳梯等。

## 第四节　跳远训练方法与手段

跳远训练的手段和方法很多，日常训练中可依据训练目的任务、针对解决的问题选择性使用，同时应注意各方法和手段在针对不同年龄、不同训练基础学生或运动员所使用的不同负荷量、强度和要求的不同所带来的不同效果。

## 一、准备活动

### （一）肌肉激活与唤醒——泡沫滚轴的使用

在进行跳远项目的训练或比赛前，运动员应先进行全身肌群的唤醒以达到较好状态适应训练和比赛强度。运动员利用自重与泡沫滚轴相互作用产生的压力施加于肌肉与筋膜等软组织伤，能有效帮助延伸肌肉和肌腱，拆散软组织粘连，帮助小关节复位，减轻关节压力，同时增加血液的流动和软组织循环，从而达到肌群唤醒的目的。

#### 1. 方法一：腰背肌群的唤醒

图 8-2　腰背肌群唤醒

动作要领：运动员两臂抱胸，将泡沫滚轴置于腰背肌群之下，两脚为地面支点，循序渐进地进行肌肉滚动（图8-2）。

### 2. 方法二：臀部肌群的唤醒

图8-3　臀部肌群唤醒

动作要领：运动员将泡沫滚轴置于一侧臀部肌群之下，顺着肌纤维方向进行滚动（图8-3）。

### 3. 方法三：后群肌的唤醒

图8-4　后群肌唤醒

动作要领：运动员将泡沫滚轴置于大腿后群、内收肌群及外展肌群下，顺着肌纤维方向进行滚动（图8-4）。

### 4. 方法四：小腿肌群的唤醒

图8-5　小腿肌群唤醒

动作要领：运动员将泡沫滚轴置于一条小腿肌群下方，另一条小腿搭于该小腿之上，以两手为支点，泡沫滚轴顺着小腿肌纤维方向进行滚动（图8-5）。

## （二）垫上牵拉

垫上牵拉相对于传统杠上牵拉的好处在于运动员通过克服自身重量完成的主动牵拉，更有利于感受自身肌体的热身情况和肌肉紧张情况，一定程度地避免伤病的出现。

### 1. 方法一：腰腹部肌群牵拉

动作要领：运动员先跪于垫上，臀部向后坐，双臂伸向前方，之后以双手为支点，臀部肌群迁移并收紧，抬头向前看（图8-6）。

图 8-6　腰腹部肌群牵拉

2. 方法二：**腰腹肌旋转牵拉**

图 8-7　腰腹肌旋转牵拉

动作要领：运动员躺于垫上，抬腿将髋、膝、踝角呈 90°，绕着肌体垂直轴进行旋转，一侧尽量将膝盖贴近地面（图 8-7）。

3. 方法三：**臀部肌群牵拉**

图 8-8　臀部肌群牵拉

动作要领：运动员将一侧脚踝搭于另外一侧膝盖上方，两手抱膝绕人体额状轴进行滚动（图 8-8）。

4. 方法四：**髋关节牵拉**

图 8-9　髋关节牵拉

动作要领：运动员背面向上，膝肘支撑，两腿分开，膝关节呈 90°，身体沿垂直轴进行前后移动，运动员弓步跪于垫上，上体垂直于地面，避免下压，身体前后移动（图 8-9）。

5. 方法五：**大腿后群肌牵拉**

动作要领：单膝跪于地面，双肘支撑，另外一膝伸直进行大腿内侧肌群牵拉，单膝跪地，另一侧膝盖伸直，上体下压，进行后群牵拉（图8-10）。

图8-10　大腿后群肌牵拉

**6. 方法六：大腿前群肌牵拉**

动作要领：运动员单膝跪地，上体挺直，双手从后侧抱跪地膝一侧脚踝贴近大腿（图8-11）。

图8-11　大腿前群肌牵拉

**7. 方法七：小腿肌群牵拉**

动作要领：运动员单脚与双手支撑，髋部抬起，支撑侧腿蹬直，另外一侧放松，进行小腿牵拉（图8-12）。

图8-12　小腿肌群牵拉

## 二、跳远项目的力量练习

跳远项目属于速度爆发力项目，在力量训练中包括基础力量训练及专项力量训练。力量练习时，运动员应在确保核心稳定的基础上完成动作，同时遵循慢下快起的原则，避免伤病的发生。

**1. 方法一：全蹲、深蹲与小角度蹲**

动作要领：运动员在做下蹲动作时，杠铃放在颈后，肩胛收缩，将横杠准确放在隆起的斜方肌和三角肌上，两手臂侧抬，双手握杠。膝关节尽量不要超过脚尖，核心稳定，挺胸抬头。全蹲时，膝关节角度较小，接近于全部蹲下；深蹲为膝关节角度近似于90°，小角度蹲角度为140°～160°。同一运动员下蹲重量为：小角度蹲＞深蹲＞全蹲。

**2. 方法二：高翻**

动作要领：运动员腰背顶直，左右脚分开下蹲，依靠从下至上的动力链传导顺序将杠铃贴着身体翻起，当杠铃杆高度超过胸椎高度时，身体重心快速下降，同时两肘前顶，最终直立，将杠铃杆固定于锁骨之上。

**3. 方法三：抓举**

动作要领：运动员腰背顶直，两足左右分开下蹲，双手握杠，依从下至上的发力顺序将杠铃杆贴着身体向上提，当杠铃提到与胸同高时身体下蹲，使身体位于杠铃下，双臂伸直支撑杠铃，两腿收回。

**4. 方法四：高台高翻**

动作要领：在高翻动作要领的基础上，杠铃杆的起始位置在离地面30～40cm的高台上，该重量也为普通高翻重量的80%左右。

**5. 方法五：负重单膝跪姿上高台练习**

动作要领：运动员杠铃放在颈后，肩胛收缩，将横杠准确放在隆起的斜方肌和三角肌上，两手臂侧抬，双手握杠。起始动作为单膝跪地，跪地腿一步上台，之后另外一条腿大腿抬起，膝关节放松，小腿自然垂直于地面。也可将跪姿改为前后弓步支撑接单腿登上高台练习。

**6. 方法六：单手负重单膝跪姿上高台**

动作要领：起始动作为运动员单膝跪地，跪地一侧手于肩上持一壶铃，跪地腿一步上台，之后另外一条腿大腿抬起，同时持壶铃手上举，膝关节放松，小腿自然垂直于地面。

**7. 方法七：负杠铃（穿沙衣）弓步走**

动作要领：肩负轻重量杠铃，做"大步"弓步走，注意向前迈步时应高抬大腿迈出，并以全脚掌着地。沙衣重量因人而异。

**8. 方法八：负杠铃（穿沙衣）前后弓步交换跳**

动作要领：肩负轻重量杠铃，做快速的弓步交换跳，注意跳跃中不应过度下蹲。沙衣重量因人而异。

## 三、跳远项目的速度练习

助跑速度在决定跳远成绩的主要因素之一，现代跳远技术提倡在高速助跑下迅速完成起跳。跳远运动员的速度训练应从跑跳技术角度出发，发展跑、跳的动作速度和30～50m的速度能力，以下列举几种速度能力训练方法。

**1. 方法一：最大髋角抬腿**

动作要领：运动员髋关节与单侧膝关节固定弹力带，髋角最大幅度打开，同时快速进行抬腿动作。在做动作的同时支撑腿一侧与上体尽量保持一条直线，运动员在抬腿时上体避免下压。

**2. 方法二：垂直抗组快速抬腿**

动作要领：一根弹力带一端固定运动员一侧膝关节，另一端固定另一侧踝关节，做动作时运动员上体尽量保持正直，进行快速抬腿的动作。

**3. 方法三：后侧抗阻快速抬腿**

动作要领：运动员髋关节与单侧膝关节固定弹力带，做动作时运动员上体尽量保持正直，进行快速抬腿的动作，注意练习时应保持身体直立和重心前移的蹬伸姿势。

4. 方法四：弹力带牵拉后摆腿练习

动作要领：运动员双手扶墙（肋木架或横杆），面向墙（肋木架或横杆），身体成直立前倾姿势，单脚支撑，另一脚踝关节固定弹力带，完成由高抬腿开始的快速下压后摆动作。

5. 方法五：支撑弹力带牵拉快速高抬腿

动作要领：运动员身体前倾成60°，双手扶墙固定上体，双脚踝关节固定弹力带，完成10s的快速高抬腿练习。练习中注意身体保持直立前倾姿势，抬腿时注意带髋前摆。

6. 方法六：阻力橇抗阻跑

动作要领：运动员进行30～50m的高重心阻力橇抗阻跑，牵拉重量应适宜。

7. 方法七：弹力带抗阻跑

动作要领：辅助人员通过弹力带从后方对运动员施加阻力，进行30～60m冲刺跑，注意牵拉人的力量应适宜，不应过大。

8. 方法八：行进间小栏架跑

动作要领：运动员进行行进间跑小栏架练习，目的是为了提高运动员在加速跑过程中的快速步频能力。

## 四、跳远项目的跳跃能力训练

运动员的跳跃能力是跳远项目训练的重点，跳跃练习的目的是肌肉弹性增加和神经肌肉功能的适应性变化，其中跳深练习是运动员跳跃能力培养的重要手段，跳深练习属于肌肉的超等长练习，它是一种运动中连贯的肌肉拉长收缩运动。

1. 方法一：垫步跳

动作要领：运动员进行快速抬腿与放腿动作，在接触地面后快速支撑伸直，同时另一侧快速抬起，在完成动作的同时上体保持正直，两臂配合运动。

2. 方法二：直腿双足纵跳

动作要领：运动员双臂摆进行直腿纵跳，在落地瞬间动作要领是全脚掌着地，体会作用力从足底传达到头顶的感觉，避免前脚掌落地。

3. 方法三：双支撑跳深练习

动作要领：运动员从跳凳A下落前由一侧足引领，落地瞬间双脚全脚掌支撑，此后快速反应跳上跳凳B。此动作可以设置两个跳凳不同的高度与距离，以设置的高度差与距离差来训练运动员的快速支撑与起跳反应能力。

4. 方法四：单足跳深练习

动作要领：运动员从跳凳A下落前由一侧足引领，落地瞬间引领足部全脚掌支撑，此后单足快速反应跳上跳凳B。此动作可以设置两个跳凳不同的高度与距离，以设置的高度差与距离差来训练运动员的快速支撑与起跳反应能力。此外，也可以设置引领足支撑快速反应跳后与另一侧足空中交换，最终另一侧足接触跳凳B的动作，以体会空中交换腿的感觉。

5. 方法五：原地支撑起跳上跳凳

动作要领：运动员原地半蹲，两臂后摆为准备姿势，后通过两臂的带动及下肢快速蹬伸，在空中身体尽量保持正直，最终双脚同时落于跳凳之上，并保持半蹲姿势。

## 五、跳远项目的专项练习

跳远是一个以速度为基础的力量为主导的项目，运动员能否在最大助跑速度的基础上完成起跳技术是决定最终成绩的关键。因此需要针对专项的训练手段来提高运动员的本体感觉，以下列举几种专项训练手段，帮助运动员体会专项技巧。

1. **方法一**：橡皮筋抗阻专项训练手段

动作要领：运动员髋关节与摆动腿膝关节固定弹力带，做一步起跳技术，辅助人员在运动员起跳瞬间拉紧弹力带，给予运动员相应的阻力。在做此动作前，运动员应积极抗阻，同时把起跳技术尽可能完善地表现出来。

2. **方法二**：超等长起跳练习

动作要领：运动员从跳台一侧进行跳深起跳练习，起跳技术结束后跳过障碍物，以此来保障运动员的起跳角度。

3. **方法三**：橡皮筋抗阻超等长起跳练习

动作要领：运动员髋关节固定橡皮筋，从跳台一侧进行跳深起跳练习，起跳技术结束后跳过障碍物，整个过程运动员抗橡皮筋阻力。

4. **方法四**：橡皮筋减阻超等长起跳练习

动作要领：运动员髋关节固定橡皮筋，从跳台一侧进行跳深起跳练习，起跳技术结束后跳过障碍物，整个过程运动员通过橡皮筋减阻，来提高高速状态下的起跳能力。

5. **方法五**：垫上收腿练习

动作要领：运动员坐于垫上，双手支撑于身体后方，快速屈腿收腹，前群贴近胸部，之后膝关节向上伸直，慢慢放下，在放下的过程中，运动员双脚在空中画弧。整个运动过程，运动员上体保持正直。

6. **方法六**：肋木收双腿练习

动作要领：运动员双手握于肋木上，快速屈腿收腹，前群贴近胸部，之后膝关节向上伸直，慢慢放下，在放下的过程中，运动员双脚在空中画弧。

7. **方法七**：肋木收单腿练习

动作要领：运动员双手握于肋木上，单侧腿快速屈腿收腹，前群贴近胸部，此后另一条腿举起，最后两膝关节向上伸直，慢慢放下，在放下的过程中，运动员双脚在空中画弧。

## 第五节　跳远教学中易出现的错误动作、产生原因及改进措施

### 一、跳远易出现的错误动作、产生原因及应对措施

#### （一）助跑步点不准

1. **产生原因**

（1）开始助跑的姿势不固定；

（2）助跑加速不均匀，节奏和步长不稳定；

（3）气候、场地和生理、心理因素的影响。

2. **纠正方法**

（1）固定助跑的开始姿势，正确使用助跑标志；

（2）反复跑步点，在快跑中固定助跑的动作幅度、步频和节奏；

（3）在不同的气候和场地练习助跑，培养适应各种环境的能力。

## （二）助跑最后几步减速

**1. 产生原因**

（1）步点不准，最后几步步长过大或过小；
（2）跑时上体后仰、臀部后"坐"和后蹬不充分等；
（3）怕越板犯规或跑快了跳不起来；
（4）急于做有力的起跳；
（5）快跑中跳的能力差。

**2. 纠正方法**

（1）技术上强调跑的动作要正确，跑的路线要正直，并反复跑步点；
（2）思想上要强调跑过跳板，起跳动作要轻而柔和，利用速度去争取跳出好的成绩；
（3）改进起跳技术；
（4）采用俯角斜板提高起跳的速度。

## （三）起跳腿蹬不直

**1. 产生原因**

（1）起跳时髋没有积极前"送"；
（2）蹬伸用力开始太早或太晚；
（3）起跳腿落地太重，或落地时身体重心下降；
（4）动作不协调和力量素质差等。

**2. 纠正方法**

（1）做"送"髋练习。仰卧在垫子上，起跳脚垫高30cm，挺髋并带动摆动腿屈膝上举；
（2）减少起跳中的制动作用，提高向前用力的效果；
（3）做高重心的最后几步助跑和起跳练习；
（4）强调起跳着地瞬间上体向上提；
（5）做各种跳跃练习，改进动作的协调性和发展腿部力量。

## （四）起跳方向不正

**1. 产生原因**

（1）最后几步助跑的路线偏斜和起跳时身体侧倾；
（2）摆动腿摆动方向不正；
（3）起跳中身体积极前移不够。

**2. 纠正方法**

（1）强调跑的直线性和向前的效果，按事先划好的直线，反复进行助跑和起跳；
（2）反复做起跳的模仿练习，强调头和躯干成一条直线，稍仰头；
（3）同上练习，强调摆腿要正，着地后要快速前移身体；
（4）做完整的跳远练习，强调跑过起跳板，或在俯角斜板上练习起跳。

## （五）"制动式"起跳

**1. 产生原因**

（1）最后一步上板不积极；
（2）过分追求腾空高度。

2. 纠正方法

（1）正确认识水平速度对提高跳远成绩的重要意义；

（2）强调起跳前保持跑的动作结构和起跳腿着地时的"扒"地运作；

（3）强调在快速跑过跳板的条件下起跳；

（4）在俯角斜板上进行跳远练习，做低平腾空轨迹的跳远练习。

## （六）蹲踞式跳远中身体向前回旋

1. 产生原因

（1）起跳时低头、肩前冲，上体过于前倾；

（2）起跳时摆腿不积极，摆腿幅度小；

（3）急于做落地动作。

2. 纠正方法

（1）短、中距离助跑跳远，要求起跳时身体保持正直，目视前方；

（2）起跳后保持"腾空步"姿势，待身体腾越一定距离（如越过离跳板 2m 远的低横杆）后，再做落地动作。

## （七）挺身式跳远中挺身过早

1. 产生原因

（1）起跳不充分，摆动腿摆动不积极；

（2）起跳后向前运动的速度慢；

（3）摆动腿下落过早。

2. 纠正方法

加强起跳练习，强调"腾空步"姿势，待身体腾越一定距离后，再做挺身动作。

## （八）以挺腹代替挺身

1. 产生原因

（1）"腾空步"后，摆动腿下落不积极；

（2）摆动腿没有后摆的动作，而且上体后仰。

2. 纠正方法

（1）短距离助跑起跳，要求上体保持正直；

（2）短距离助跑的完整练习，要求摆动腿积极下落并向后摆动；

（3）在器械上支撑或悬垂，做挺身的模仿练习。

## （九）走步式跳远中空中换步动作幅度小

1. 产生原因

（1）换步时着重摆动小腿，大腿摆动不够；

（2）换步时，上、下肢动作不协调。

2. 纠正方法

（1）在器械上支撑或悬垂，模仿"走步"动作，体会大腿带动小腿的大幅度摆动动作；

（2）短、中距离助跑，从弹跳板上起跳，延长腾空时间，做出大幅度的换步动作，并注意两臂能配合下肢做大幅度的摆动。

## （十）走步式跳远空中动作不协调

**1. 产生原因**
两腿换步动作僵硬，肩关节和髋关节的灵活性差。

**2. 纠正方法**
（1）原地站立或借助器械，做上、下肢协调配合的换步练习；
（2）做各种转肩、转髋练习，发展肩、髋关节的灵活性。

## （十一）着地时小腿前伸不够

**1. 产生原因**
着地前低头，上体前压，腰腹力量和下肢柔韧性差。

**2. 纠正方法**
（1）立定跳远，要求着地前小腿向前伸出；
（2）短程助跑跳远，着地前高抬大腿；
（3）发展腰腹肌力量和大腿后侧肌群、韧带的柔韧性。

## （十二）着地后臀部后坐

**1. 产生原因**
（1）脚跟着地后，没有迅速屈膝前跪；
（2）着地后身体不积极前移；
（3）摆臂动作不正确。

**2. 纠正方法**
（1）做落地的模仿练习，强调及时屈膝、屈踝和向前"送"髋；
（2）立定跳远，强调在着地前将两臂摆向体后，着地后用力前摆，协助身体迅速移过支撑点。

# 二、跳远教学中的恢复训练与伤病预防

## （一）恢复

**1. 身体疲劳的表现**
（1）肌肉僵硬、肿胀、酸痛等；
（2）脉压减少，心率异常、血色素下降等；
（3）反应迟钝，头痛头晕，精神萎靡，注意力不集中，情绪激动等。

**2. 恢复方法与手段**
（1）自身恢复：运动员训练后，通过慢跑、深呼吸、自我放松、拉伸练习、变换节奏、休息睡眠、简单游戏与文娱活动等；
（2）物理恢复：理疗、针灸、热水浴、桑拿浴、电刺激等；
（3）生理生化恢复：主要以食补为主，同时注意维生素、微量元素、电解质的补充。

## （二）伤病预防

**1. 产生伤病的主要原因**
（1）对预防运动损伤的意义认识不足；
（2）缺乏准备活动或准备活动不合理；

（3）运动负荷安排不当；
（4）局部长期负荷过大；
（5）训练后恢复放松不够；
（6）场地器材选用不当。

### 2. 应对措施

运动损伤的预防是针对运动损伤的原因而进行的。从运动损伤的特点和原因可知，运动损伤的预防措施有以下几方面：
（1）加强防伤观念，时刻要有安全意识，克服麻痹思想；
（2）认真做好准备活动；
（3）合理安排好运动负荷；
（4）重视训练后的恢复放松；
（5）加强易伤部位的建设性训练；
（6）出现伤病后应及时治疗，在伤病恢复期间不宜进行大负荷训练；
（7）加强场地器材的安全措施和安全检查。

## 第六节　跳远比赛赏析

以跳远项目为例。欣赏跳远比赛就是欣赏人类依靠自身运动速度和爆发力所能达到的最大远度。

跳远的助跑分为匀速助跑、积极加速助跑两种方式。观众可随着运动员助跑前的击掌节奏进行鼓掌，增强赛场内外的互动与交流。观众欣赏跳远比赛，主要是欣赏运动员腾空后所产生的美感，尤其是走步式腾空动作给人一种飞行之美、滑翔之美。

# 第九章 跳高

## 第一节 跳高运动发展概况

### 一、跳高运动的发展史

随着人类生存技能的增长与远古年代人类战争的需要，跳高运动逐渐产生并发展起来。公元 1700 年，最早的跳高比赛开始正式出现，比赛条件简陋，没有沙坑和跳高架，在两根木桩之间拉起一条绳子，绳子前放一块长方形木板，运动员助跑后单脚踏上木板起跳，收腹抬腿，两腿成屈膝成蹲立姿势越过绳子，这种姿势延续了一百多年。比赛只判定胜负，不丈量高度。美国运动员威尔逊在 1827 年跳过了 1.575m，他是第一个用量尺丈量高度的运动员。公认的第一个正式跳高纪录是加拿大运动员奥弗兰在 1839 年跳过的 1.69m。1860 年，美国正式把跳高列为田径比赛项目。1993 年，男子跳高世界纪录 2.45m 是由古巴运动员索托马约尔在萨拉曼萨（卡）创造的。1987 年 8 月 30 日科斯塔迪诺娃在罗马田径世锦赛上创造了 2.09m 的女子跳高世界纪录，至今无人超越。

我国优秀的背越式跳高运动员，最杰出的代表是朱建华，他在 1983 年和 1984 年，分别以 2.37m、2.38m 和 2.39m 的成绩三次打破世界纪录。1989 年我国优秀女子跳高运动员金玲以 1.97m 的成绩刷新了全国和亚洲纪录。目前我国男子跳高水平最高在 2.33m 左右，女子最高在 1.94m 左右，与世界先进水平尚有一定的差距。

从动作结构看，跳高属于周期性运动与非周期性运动相结合的运动项目。从用力特点看，跳高属于快速力量跳跃类练习项目。从动作外形看，跳高是越过以横杆为标志的垂直障碍的运动。从运动实质看，跳高主要是克服人体重力的运动。

### 二、跳高运动的竞赛规则

（1）比赛开始前，主裁判应向运动员宣布起跳高度和每轮结束后横杆的提升高度，此计划直至比赛中只剩下 1 名已获胜的运动员或出现第几名成绩相等时为止。

（2）运动员必须用单脚起跳。

(3) 除非比赛中只剩下 1 名运动员，并且他已获得该项目比赛的冠军，否则：每轮之后，横杆升高不得少于 2cm。升高幅度不得增大。

(4) 一旦比赛开始，运动员不得使用助跑道或起跳区进行练习。

(5) 运动员可在横杆升高计划中任何一个高度开始试跳，也可在以后任何一个高度根据自己的愿望决定是否试跳。但在任何高度上，只要运动员连续 3 次试跳失败，即失去继续比赛的资格。因第 1 名成绩相等而进行的决名次赛的试跳除外。允许运动员在某一高度上第 1 次或第 2 次试跳失败后，在其第 2 次或第 3 次试跳时请求免跳，并在后继的高度上继续试跳。运动员在某一高度上请求免跳后，不准在该高度上恢复试跳，除非出现第 1 名成绩相等的情况。

(6) 即使其他运动员均已失败，一名运动员仍有资格继续试跳，直至其放弃继续比赛的权利。

(7) 每名运动员应以其最好的一次试跳成绩，包括因第 1 名成绩相等而进行的决名次赛的试跳成绩，作为其最后的决定成绩。

(8) 起跳区应保持水平。

(9) 标志物：为有助于助跑和起跳，运动员可以使用 1～2 个标志物（由组委会批准或提供）。

(10) 在比赛过程中不得移动跳高架或立柱，除非有关裁判长认为该起跳区或落地区已变得不适于比赛。如需移动跳高架或立柱，应在试跳完一轮之后进行。

## 第二节　背越式跳高技术

### 一、背越式跳高技术动作结构特点（以右脚起跳为例）

完整的背越式跳高技术由四个部分构成，助跑、起跳、过杆和落地。其中助跑和起跳技术是学习的重点，助跑与起跳的结合、起跳与过杆的衔接是学习的难点（图 9-1）。

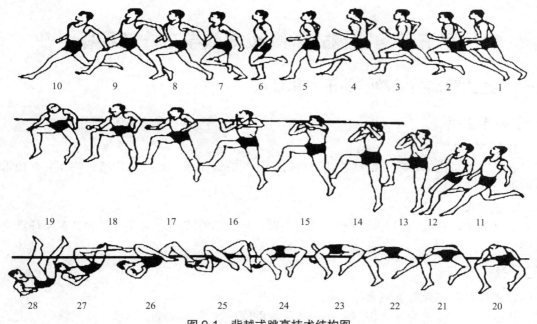

图 9-1　背越式跳高技术结构图

## 二、背越式跳高四个阶段的技术特点

### （一）助跑

助跑阶段指运动员起动至倒数第 2 步脚着地。运动员起跑时应提高重心、尽量放松，避免多余动作。由直线助跑过渡到弧线助跑时，要求身体向内侧稍倾，最后一步保持身体内倾姿势，沿弧线积极迈步准备起跳，助跑过程尽量成"J"字形。步幅均匀平稳、节奏合理、不断加速、步伐轻松、自然、有弹性。运动员通过助跑使身体达到最佳的水平速度，为起跳做准备。

### （二）起跳

起跳指起跳脚着地至离开地面的阶段。起跳的目的是在起跳的瞬间爆发出强大的弹跳力量。起跳前上体稍向弧线内侧倾斜，脚跟先着地，并迅速过渡到全脚掌着地，运动员应降低重心，起跳时摆动腿快速向上摆起，双臂同时上摆，摆动到位后注意制动。摆臂与摆腿要协调配合，尽可能获得最大垂直速度，起跳后，运动员肩、髋、膝、踝关节充分伸展，为顺利过杆创造有利条件。

### （三）过杆

过杆阶段指起跳脚蹬离地面到人体完全越过横杆。起跳结束后运动员身体自然伸展，两腿自然下垂。在摆动腿和同侧腿的带动下逐渐形成背对横杆。头部过杆后，肩部放松，肩、髋、膝、踝关节依次过杆，过杆时，注意下肩、展体、挺髋、抬大腿、踢小腿。利用身体重心向上的趋势，顺势依次完成过杆动作。

### （四）落地

落地阶段指人体完全越过横杆至身体着地缓冲。身体过杆后注意低头，保持屈髋、伸膝动作。肩背着垫后两膝保持适度伸展或两腿适当分开，以肩背部先着海绵垫，并做好缓冲，避免两臂先着海绵垫。

## 第三节　背越式跳高技术教学方法与手段

### 一、背越式跳高技术教学的重点和难点

#### （一）教学重点

**1. 起跳技术**

起跳技术是人体由水平位移转变为抛射运动的关键技术，是决定背越式跳高完整技术质量的重要环节。

**2. 过杆技术**

过杆技术是有效利用人体腾起的高度，以背越式的方式顺利完成过杆的具有象征意义的重要技术。

#### （二）教学难点

**1. 弧线助跑与起跳的结合**

背越式跳高技术的显著特点是在快速弧线助跑中快速完成起跳技术，从而获得较大的腾

起初速度、适宜的腾起角和腾起高度。弧线助跑与起跳相结合是背越式跳高专项技术中较难掌握的技术动作。

### 2. 起跳与过杆的衔接

起跳技术的结束就是过杆技术的开始，二者的紧密衔接是高质量完成背越式跳高技术的关键。

## 二、背越式跳高技术的教学步骤与方法

### （一）学习原地过杆技术

原地过杆技术的教学首先要增强学生髋关节的灵活性和伸展性，通过针对性的专项练习使学生体会并掌握背越式跳高头、背、腰、臀、腿、足依次过杆技术，提高学生过杆的自信心。

（1）髋关节伸展性练习。
（2）髋关节灵活性练习。
（3）背越式跳高原地过杆练习。

### （二）学习起跳技术

使学生明确起跳技术的各个环节，掌握正确的起跳技术。爆发力是决定起跳技术好坏的客观标准，发展学生起跳腿的爆发力是关键的教学环节。

#### 1. 起跳分解技术练习

（1）摆腿技术练习。
（2）摆臂技术练习。
（3）起跳腿迈步练习。

#### 2. 上步起跳练习

（1）上步起跳分解技术练习。
（2）上一步起跳练习。
（3）上3步起跳练习。

### （三）学习弧线助跑与起跳相结合技术

通过短程弧线助跑技术的学习，让学生掌握背越式跳高弧线助跑技术。

（1）弧线助跑技术练习。
（2）弧线助跑衔接起跳技术练习。
（3）4～5步弧线助跑接起跳练习。

### （四）学习起跳衔接过杆技术

使学生掌握单脚起跳接背越式过杆技术。

（1）上步起跳衔接过杆技术练习。
（2）上2或3步起跳衔接过杆技术练习。

### （五）学习弧线助跑起跳衔接过杆技术

使学生掌握弧线助跑衔接起跳和背越式过杆技术。

（1）4～5步弧线助跑起跳上高垫练习。
（2）4～5步弧线助跑起跳衔接过杆技术练习。

### (六)学习背越式跳高的完整技术

使学生了解和掌握背越式跳高全程助跑的丈量方法,掌握全程助跑的背越式跳高技术。

**1. 丈量全程助跑步点的方法:**

(1)走步丈量法的步骤(图9-2):

① 确定起跳点:在横杆投影下距立柱1m左右,与横杆垂直向助跑方向量出2.5~3.5个脚长,此点为起跳点。

② 以起跳点为准,沿横杆的平行方向自然走5步,然后垂直向助跑方向自然走6步;该点是直段助跑转为弧段助跑的标志点(第2标志)。

③ 在标志点继续沿着垂直助跑方向自然走7步,为助跑8步启动标志点(第一标志)。助跑时直段跑4步(至第2标志)、弧段跑4步(至起跳点)。

④ 通过反复全程助跑验证和修正,最终确定全程助跑的准确标志。

(2)足长丈量法的步骤(图9-3):

① 确定起跳点:在横杆投影下距立柱1m左右,与横杆垂直向助跑方向量出2.5~3.5个脚长,此点为起跳点。

② 以起跳点为准沿横杆的平行方向量出约15个脚长。

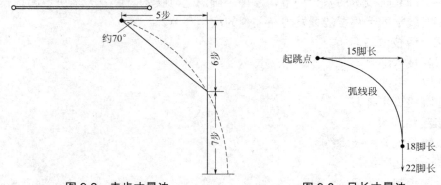

图9-2 走步丈量法　　　　图9-3 足长丈量法

③ 再沿横杆的垂直方向量出约18个脚长,此处是助跑直段进入弧段的标志(第2标志)。

④ 再继续向助跑方向量出约22个脚长,此处为助跑的启动标志(第一标志)。

⑤ 通过反复全程助跑验证和修正,最终确定全程助跑的准确标志。

此外还有皮尺丈量法和半径丈量法等,可根据实际参考使用。

**2. 全程助跑起跳练习**(以左脚起跳为例)

全程助跑踏上起跳点后,左腿爆发快速蹬伸,起跳结束时,身体由内倾变垂直。起跳腿的踝、膝、髋、左肩成一垂线,提肩拔腰。右肩高于左肩,并领先于左肩。右臂上伸,小臂内旋,两眼看左前上方,整个身体向上飞进。

**3. 全程助跑起跳衔接过杆技术练习**(以左脚起跳为例)

全程8~10步助跑起跳,身体在向上腾起的过程中,提髋、右小臂上伸引肩、头上顶、摆动腿保持膝角,身体继续转动成背向横杆的姿势。当肩背过杆时两臂外展,向后引肩,头部后仰。当腰部处在横杆上时,及时展体、送髋,两小腿自然下垂,身体成弓形。当骨盆移过横杆后,要不失时机地减缓上体下潜的速度,含胸收肩,以髋发力,向后翻髋,带动大腿和小腿,以便加速向后上方甩腿,使整个身体越过横杆,用肩背着垫。

## 第四节　背越式跳高训练方法与手段

初学者应熟练掌握背越式跳高技术各个环节的练习方法，在日常训练中做到动作标准、勤加练习。按背越式跳高技术阶段的划分，给大家介绍经常采用的一些练习方法。

### 一、摆腿练习

#### （一）上一步摆腿练习

练习者左脚在前右脚在后，身体稍后倾，上一步跳起摆腿。

练习目的：提高摆动腿本体感觉，体会起跳瞬间身体的用力顺序。

#### （二）橡皮筋快速摆腿练习

摆动腿踝关节绑橡皮筋，快速向上摆腿，对抗阻力做功。

练习目的：提高摆动腿力量，体会臀部带动摆动腿上抬本体感觉。

#### （三）弧线助跑起跳摸高练习

练习者弧线助跑，起跳手触标志物，标志物高度应随初学者起跳能力的递增而提高。

练习目的：帮助初学者增强助跑的节奏和起跳时身体的用力顺序。

### 二、挺髋练习

#### 1. 站立挺髋练习

身体背对肋木，双脚左右开立与肩同宽，双手向后抓握肋木，向后展体挺髋，背弓成桥，运动员可根据自身柔韧调整手抓肋木的高度（图9-4）。

练习目的：专项模仿练习，建立正确用力顺序。

#### 2. 背桥

仰卧垫子上，双手上举置于肩上，手脚撑地，髋部上顶，成"背桥"，熟练之后，可逐渐缩短手脚间距离（图9-5）。

练习目的：增强练习者肩关节及髋部的灵活性。

图9-4　站立挺髋练习

图9-5　背桥

图9-6　双人互背挺髋练习

#### 3. 双人互背挺髋练习

两人背对站立，双手举起，抓住对方手腕，弯腰屈髋将对方背起（图9-6）。

练习目的：体会被动顶髋，身体完全向后舒展的本体感觉，提高肩髋关节的柔韧性。

#### 4. 原地倒肩挺髋练习

双脚开立与肩同宽，站立于垫子前方，重心后倾，顶髋后倒，肩关节触垫，身体呈弓形（图9-7）。

练习目的：使练习者体会过杆落地时的本体感觉、触垫顺序。

#### 5. 原地跳起挺髋练习

双脚左右开立，背对垫子，双脚跳起，达到最高点后，头后仰屈膝挺髋，小腿自然下垂，肩背积极着垫落地（图9-8）。

练习目的：体会空中顶髋过杆，加强初学者动作模式的记忆。

图9-7　原地倒肩挺髋练习　　　　　图9-8　原地跳起挺髋练习

#### 6. 原地跳起挺髋过杆练习

练习者双脚开立，站在横杆前，双脚发力跳起越过横杆。注意肩背部先着垫，后依次触垫。练习初期可用橡皮筋代替横杆，降低难度，提高初学者信心，消除恐惧感。

练习目的：体会空中顶髋过杆，加强初学者动作模式的记忆。

### 三、双腿爆发力练习

#### 1. 双脚前后交替跳

双手叉腰，两脚前后开立，膝关节微屈，上身挺直，双脚同时发力蹬地，前后交替跳。

练习目的：提高初学者下肢爆发力。

#### 2. 左右转髋跳

双脚开立略比肩宽，膝关节微屈，两臂弯曲成90°，双脚发力跳起，同时腰部发力带动髋关节向一侧转动，两侧循环进行。

练习目的：体会腰部发力支配髋关节转动，提高下肢爆发力。

#### 3. 向前左右单脚跳

上体稍前倾，单脚站立，膝关节微屈，右脚发力向左前方跳跃，左脚单腿落地支撑。如此循环进行。

练习目的：提高单侧脚爆发力。

#### 4. 单脚增强式跳跃

双脚开立与肩同宽，左脚向前跨一步，双臂用力向上摆的同时左脚发力向前上方跳起，右脚由后向前上方提膝，大小腿折叠，腾空时起跳脚伸直，右脚前脚掌着地缓冲，右腿顺势前跨步准备起跳。

练习目的：提高练习者双脚连续跳跃爆发力。

## 四、躯干稳定性练习

### 1. 瑞士球背桥

仰卧于垫上,双手打开放于体侧,双脚脚尖勾起,脚跟支撑在瑞士球上,肩部着垫,髋部向上顶起,利用腰腹部力量使躯干与大腿成一条直线,臀肌、腹肌收紧(图9-9)。

### 2. 瑞士球背桥抗阻

在瑞士球背桥基础上,将阻力训练器(或弹力带等)套在腰间,同伴或教练员向左或向向右拉阻力训练器施加阻力,练习者对抗阻力练习(图9-10)。

图9-9 瑞士球背桥

图9-10 瑞士球背桥腰部抗阻

### 3. 瑞士球屈膝抬腿背桥

在瑞士球背桥基础上,抬起右腿,右侧髋膝关节均成90°,由双腿支撑变为单腿支撑,左脚勾脚尖,保持躯干与支撑腿成一条直线,身体保持稳定。

### 4. 瑞士球屈膝抬腿抗阻背桥

在瑞士球抬腿背桥基础上,在练习者大腿部位绑弹力带,在与小腿平行的方向上施加阻力。

### 5. 平衡盘侧卧上侧腿屈膝抗阻

上肢左前臂支撑于非稳定器械(BOSU球或平衡盘)成侧桥,右臂侧平举,练习者将阻力带绑在右腿髌骨上方,右腿屈膝成90°上抬或侧抬,练习时躯干、臀部和下肢协同发力,保持身体稳定(图9-11)。

### 6. 两点不稳定支撑侧卧屈膝上抬

在平衡盘侧卧基础上,将两个支撑点(前臂和脚踝)均放在不稳定器械上,右手向上打开,右腿在身体稳定后屈膝上抬。

图9-11 平衡盘侧卧上侧腿屈膝抗阻练习

(1)以上提高躯干稳定性练习方法手段,训练负荷应根据练习者的训练水平及训练阶段任务安排,一般练习3~5次,每次做30~60s,次间间歇60s,两侧交替进行。

(2)若没有相关阻力器械,同伴或教练可直接用手在练习者的各个部位(髋、膝、踝、腰部等）施加向前、向后、静态或动态的阻力进行练习。

## 五、起跳腿力量练习

### 1. 单脚蹲成站立姿势

支撑腿半蹲站立，另一腿悬空，两手叉腰或前平举，支撑腿臀大肌带动大腿前部肌群和骨后肌群发力使身体直立，还原成初始姿势。

双手抗阻进阶，在以上动作基础上，练习者可以双手拿壶铃或哑铃进行抗阻练习。负荷的大小根据练习者的需要进行调整。

练习目的：发展起跳腿臀大肌、大腿前部肌群、股后肌群力量及身体稳定性。

### 2. 瑞士球仰卧屈髋抗阻提拉

仰卧在不稳定器械上，单脚脚踝系弹力带，同伴或教练拉动弹力带给其阻力，练习者两手放在身体两侧并保持不动，屈髋发力提拉弹力带至大腿与地面垂直，大小腿夹角为90°。带阻力大小根据练习者的实际情况确定。

练习目的：发展起跳腿屈髋肌群力量及身体稳定性。

### 3. 盘单腿直立抗阻向前提拉

身体直立站立于不稳定器械，两手叉腰，单脚脚踝系弹力带，以屈髋肌群发力牵拉弹力带至大腿与地面平行，大小腿夹角为90°，勾脚尖。初学者可以先练习平地单腿抗阻提拉，适应后，加入不稳定器械进行练习。

练习目的：提高屈髋肌群力量。

### 4. 俯卧屈膝提拉

俯卧于垫上，两臂置于体侧，将弹力带系在单脚脚踝，两脚脚尖着地，臀部和股后肌群发力牵拉弹力带至大小腿夹角成90°。还原起始姿势。可利用瑞士球做进阶练习，进一步发展身体核心脊柱稳定性。若要增加难度，可将双手向前伸直与地面平行。

练习目的：提高骨后肌群力量，臀部肌群力量。

## 六、速度素质的训练

速度素质包括位移速度、动作速度和反应速度。跳高运动员在训练中应结合跳高的技术特点，重点发展位移速度和动作速度素质。

### 1. 位移速度的训练

（1）30m 弯道计时跑。

（2）30m 直道计时跑。

（3）30m 直道＋弯道计时跑。

（4）上坡跑或下坡跑。

（5）60m 跑（直道跑、弯道跑或直道＋弯道跑）。

（6）100m 跑。

### 2. 动作速度的训练

（1）各种快速重复动作的练习：如原地快速摆臂和摆腿练习，快速高抬腿练习，起跳腿踏上跳箱盖快速蹬伸练习等。

（2）持轻器械或轻负重的快速摆动和起跳练习。

（3）20～30m 起跑计时练习。

（4）快速拉橡皮筋各种练习。

## 七、灵敏性、协调性和柔韧性素质的训练

灵敏性、协调性素质是运动员完成及控制自身动作能力的保证，训练方法很多，像各种球类运动、简单的练习体操、准备活动中的游戏等。发展柔韧性素质一般在准备活动中或训练结束后进行，像各种拉长练习、摆振练习、背桥练习等。

## 八、耐力素质的训练

跳高比赛时间长，需要运动员具备长时间保持高强度运动的能力。因此，跳高运动员应有良好的耐力素质。常用的练习方法有：
（1）长时间、小强度的各种形式的跑的练习。
（2）各种组合式循环练习。
（3）长时间的球类活动。
（4）长时间、小强度的各种跳跃练习。

## 九、心理素质的训练

跳高运动是运动员征服自身极限的一项运动，而跳高比赛又非常紧张，运动员不仅要和自己比，还要同其他运动员竞争，因此，要有良好的心理素质。心理训练应贯穿于平时训练之中。运用启发和诱导的方法，培养运动员刻苦、自觉训练的精神；也可以运用模拟训练、增加训练难度、改变练习环境等方法，提高运动员的自我控制能力和抗干扰能力。

## 第五节　教学中易出现的错误动作、产生原因及应对措施

### 一、起跳常见错误动作产生原因和应对措施

**1. 弧线助跑减速，甚至有停顿**

（1）产生原因：弧线助跑时重心降低过多，躯干无意识后仰，起跳脚过分前伸，产生较大制动，助跑节奏不稳定。

（2）改进措施：通过不断练习杆前助跑，掌握助跑节奏，保持身体重心平稳，起跳脚扒地速度要快。

**2. 起跳瞬间摆动腿脚掌擦地**

（1）产生原因：过分降低身体重心，摆腿时蹬伸用力不够，大小腿折叠不够，小腿过早踢出。

（2）改进措施：采用弧线连续上步快速而有力的蹬摆起跳，摆腿用力蹬地后立即上收、小腿折叠以髋带动腿向前上方摆出。

**3. 起跳时脚尖外展**

（1）产生原因：运动员弧线助跑不规范，弧线过小或起跳前两步跑成了直线，导致运动员起跳时脚尖外展或平行于横杆，从而影响起跳方向，易损伤膝、踝关节。

（2）改进措施：调整助跑弧线，切忌将弧线跑的第四五步跑成切线，规范弧线助跑时每

一步的放脚方向。

#### 4. 起跳后身体过早后仰

（1）产生原因：由于助跑最后1～2步不能适度保持身体内倾，过早的向横杆方向转体，注意力过分集中在腾空动作上，过早做过杆成桥的姿势。

（2）改进措施：加强杆前弧线助跑练习或跳上较高海绵垫等练习，注意起跳前的身体内倾和起跳垂直向上的动作及摆腿摆臂的方向。

## 二、弧线助跑中常见错误动作产生原因和应对措施

#### 1. 最后两步过早倒向横杆

（1）产生原因：弧线跑的概念不清，助跑距离太短，弧线太小，速度过慢。弧线上保持身体内倾至最后一步快速由内倾转成垂直时机掌握不好。

（2）改进措施：建立正确弧线助跑概念，观摩优秀运动员技术录像及正确示范。注意进入弧线助跑、弧线跑和起跳前身体向内倾斜的时机和合理变化。

#### 2. 助跑加速节奏紊乱、步幅不稳，致使起跳失败

（1）产生原因：助跑步点不准确，缺乏正确的节奏感，对横杆有恐惧感，缺乏自信，注意力不集中。

（2）改进措施：调整助跑距离，找出最适宜的助跑步点，采用画线、设标记、听节拍等培养学生的节奏感。可用橡皮筋代替横杆克服恐惧心理。

#### 3. 助跑速度过快，致使身体腾空不高

（1）产生原因：一味追求快速助跑的速度，腿部力量差，支撑和蹬伸能力不够，起跳技术不正确。

（2）改进措施：把助跑速度控制在身体可承受和可完成起跳技术的范围内，调整助跑速度和节奏，加强腿部力量训练，纠正起跳技术动作。

## 三、过杆落地时常见的错误动作、产生原因及应对措施

#### 1. 坐着过杆，做不出挺髋动作

（1）产生原因：腾空后害怕头颈部着垫，不敢做两臂外展和头后仰的动作；起跳后动作僵硬，髋关节的伸展性和灵活性不好。

（2）改进措施：可采用垫上送髋，倒体成桥等提高髋关节伸展性和灵活性的练习，原地高台过杆、上步起跳过杆和助跑过杆等练习。

#### 2. 身体与横杆成斜交叉过杆

（1）产生原因：起跳时，后仰倒体太早，使身体过早向后倾斜与横杆斜向交叉；摆动腿摆动的方向不正确或摆动的幅度、力度不够。

（2）改进措施：起跳时注意摆动腿的摆动方向、摆动速度和幅度，防止身体过早后仰的动作；3～5步助跑（或弧线助跑）起跳摆动腿的膝关节触高物并使身体腾空后沿纵轴转体90°，摆动腿用力向异侧肩方向摆动。

#### 3. 过杆时大腿后侧和小腿碰落横杆

（1）产生原因：起跳后挺髋仰头下潜动作不到位，膝关节僵硬不够灵活，过杆时收腹甩腿不及时。

（2）改进措施：杆前做原地背越式过杆练习，注意体会空中挺髋动作和过杆时收腹甩腿的时机。

## 第六节　跳高比赛赏析

跳高比赛是一项非常具有观赏性的体育赛事，观赏者不仅能够在比赛过程中体会到运动员力与美得结合，亦能够在运动员一次次挑战自我，永攀高峰的比赛过程中备受鼓舞，身心愉悦。

**1. 最佳观看位置**

由于跳高比赛主要是欣赏运动员飞身越过横杆的一刹那，所以，最好选择运动员起跳的正侧面位置进行观看，这样不仅可以欣赏到运动员起跳至过杆的全过程，还可以感受到运动员冲刺一个又一个高度给人带来的鼓励和激情。

**2. 欣赏跳高之美**

欣赏跳高项目的最大看点就是观看运动员在快速助跑、起跳、过杆的每一个瞬间。横杆的高度与运动员的身高形成了鲜明的对比，过杆一瞬间，在现场观看跳高比赛的人都会产生强大的视觉冲击力，给人以流畅、动态之美。一根细细的杆子横在空中，犹如人生中遇到的困难，只有不断去尝试，不断去超越，才能创造新的奇迹。

**3. 观众与运动员的互动**

任何一场比赛都少不了观众，在跳高比赛中，有序且良好的互动会增加观看效果，同时可能激发运动员的兴奋性，提高运动成绩，创造纪录。为了更好地欣赏比赛进程，观看比赛时应做到以下几点：

（1）运动员出场时，观众应该给予鼓励和热烈的掌声。

（2）当运动员试跳前主动和观众互动时，观众要积极配合，给运动员信心，活跃比赛气氛。

（3）当运动员准备起跳时，观众应根据比赛现场情况报以热烈的掌声和欢呼声，以表示对运动员的喜爱和支持。

（4）当运动员开始比赛时，观众应该保持安静。

（5）运动员创造优异成绩时，观众应报以热烈掌声和欢呼声。运动员成绩一般时也应报以适当的掌声给予鼓励。

# 第十章 铅球

## 第一节 铅球项目的发展概况

### 一、铅球项目的发展史

最早的推铅球运动起源于古代人类用石块猎取野兽或防御攻击的活动,后来又逐渐从军队的游戏中演化而来。18 世纪军队出现了炮兵,闲暇之余,推炮弹的游戏成为当时军队中最流行的娱乐方式,炮弹重 16 磅(7.257 公斤),1975 年改为 7.26 公斤,这也是现如今男子铅球比赛重量的由来。最初铅球比赛场地是在一条线后进行的,可以原地投或助跑投,后来为了限制助跑距离,规定在一个方形场内进行,之后改在直径 2.135m 的圆圈内进行,并要求铅球落在规定的投掷区内,投掷区的角度经过多次改变从最初的 90°变为现在的 34.92°。

推铅球技术的技术经过一百多年的发展,由正面原地推铅球、侧面原地推铅球、上步推铅球、垫步推铅球、侧滑步推铅球、半背向滑步推铅球,发展演变为现代背向滑步推铅球和旋转推铅球两种技术,这两种技术被世界优秀铅球运动员广泛采用,也成为目前铅球教学学习的主要技术。现在,推铅球的男子纪录是美国运动员巴恩斯创造的 23.12m,女子世界纪录是俄罗斯运动员利索夫斯卡娅创造的 22.63m。

20 世纪 90 年代,我国女子铅球项目一度创造辉煌,李梅素、黄志红和隋新梅成了中国女子铅球标志性人物,曾一度在世界田坛傲视群芳,被赞誉为中国女子铅球"三驾马车"。2012 年,巩立姣、李玲、刘相蓉三位选手进入伦敦奥运会女子铅球决赛,巩立姣摘取铜牌,李玲、刘相蓉取得第四和第六名的好成绩,三人成为"新三驾马车"。

### 二、铅球项目的竞赛规则

(1)应抽签决定运动员试投顺序。

(2)运动员超过 8 人,应允许每人试投 3 次,有效成绩最好的前 8 名运动员可再试投 3 次,试投顺序与前 3 次试投后的顺序相反。当比赛人数只有 8 人或少于 7 人时,每人均可试投 6 次。

(3)比赛开始前,运动员可进入比赛场地试投,练习应按抽签顺序,并始终在裁判员的监督之下进行。

（4）应从投掷圈内将铅球推出。当运动员进入投掷圈内开始试投时，铅球应抵住或靠近颈部或下颌，在推球过程中持球手不得降到此部位以下，不得将铅球置于肩轴线后方。

（5）不允许使用任何装置对投掷时的运动员进行任何帮助。除了开放性损伤需要包扎外，不得在手上使用绷带或胶布；不允许使用手套；为了能更好地持握铅球，运动员可使用某种适宜物质，但仅限于双手；为防止手腕受伤，运动员可在手腕处缠绕绷带；为防止脊柱受伤，运动员可系一条皮带或其他适宜材料的带子；不允许运动员向圈内或鞋底喷洒任何物质。

（6）运动员进入圈内开始投掷后，如果运动员身体的任何部位触及圈外地面或触及抵趾板上面，或以不符合规定的方式将铅球推出，均判为一次试投失败。

（7）铅球必须完全落在落地区角度线内沿以内方为有效。

（8）每次有效试投后，应立即测量成绩，从铅球落地痕迹的最近点取直线量至投掷圈内沿，且测量线应通过投掷圈圆心。

（9）运动员的器械落地后方可离开投掷圈。离开投掷圈时首先触及的铁圈上沿或圈外地面必须完全在圈外白线之后，白线后沿的延长线应能通过投掷圈圆心。

（10）应将器械运回投掷圈，不许掷回。

（11）应以每名运动员最好的一次试投成绩，包括因第一名成绩相等而进行的决赛名次赛的试投成绩，作为其最后的决定成绩。

## 第二节　推铅球技术

常用的推铅球技术可以分为滑步推铅球技术和旋转推铅球技术两大类。

### 一、背向滑步推铅球技术

#### （一）背向滑步推铅球技术动作结构特点（以右手为例）

铅球属于非周期性项目，为了便于分析技术动作，我们把一整套连续技术动作按照顺序分为握球和持球、预备、滑步、过渡（转换）、最后用力和维持平衡6个阶段。

#### （二）背向滑步推铅球技术六个阶段的技术要点（以右手为例）

**1. 握球和持球**

（1）握球：五指自然分开，把铅球放在食指、中指和无名指的指根处，拇指和小指从两侧护住球。

（2）持球：将球放在锁骨窝处，贴着颈部和下颌，右臂屈肘，上臂与肩齐平或略低于肩，左臂自然上举或平举，两眼目视前下方，躯干与头部保持正直（图10-1）。

**2. 预备阶段**

（1）预备姿势。运动员背对投掷方向，持球贴近投掷圈的后沿站立，左脚置于右脚跟后方20～30m处，以脚尖触地，维持身体平衡，上体与头部保持正直，两眼目视前下方，两肩与地面平行。

（2）团身动作。运动员站稳后，上体前倾，待上体屈至接近与地面平行的同时，屈膝下蹲，头部和左腿向弯曲的右腿靠拢，完成团身

**图10-1　持球示意图**

动作。两腿协调配合，右腿弯曲程度视运动员个人情况而定，右脚稍提踵且保持身体平衡。

### 3. 滑步阶段

滑步是由臀部主动后移、积极后摆左腿、蹬伸右腿、回收右脚来完成的。滑步结束时，上体仍保持向投掷圈后沿倾斜的姿势，右髋、右膝同时内旋，双肩位于右膝垂直上方。注意滑步过程中非投掷臂和躯干与下肢动作的配合。滑步过程中应注意以下几点。

（1）两腿动作顺序：蹬摆左腿在前，蹬收右腿在后，最后回收右小腿。

（2）左腿与躯干的关系：左腿蹬摆后应保持与躯干成一直线，直到最后用力开始。

（3）处理好铅球的位置：当右腿蹬伸完成时，也就是右脚开始滑动的瞬间，铅球约处在右小腿的 1/2 处外侧的垂直面上，当右腿回收后，铅球约处在右膝上方外侧，也就是说保证铅球在一个垂面上运行。

（4）团身结束时，右大腿与躯干的夹角约 50°～60°，右腿滑动结束时约为 80°～90°。

### 4. 转换（过渡）技术

转换技术是指从运动员回收右小腿结束，以右脚前掌着地，落地瞬间及时发力，右膝积极转扣，接着将左脚插向抵趾板，左脚快速落地并稍外转，与投掷方向约成 45° 以左脚掌内侧着地。右脚着地时，体重大部分落在右腿上，左脚着地后，身体重心开始移至两腿之间。此时上体和头部的姿态没有太大的变化，两脚着地间隔时间尽可能缩短并保持较好的预备姿势，为迅速过渡到最后用力提供有力保证。

### 5. 最后用力

最后用力阶段是从左脚积极落地到铅球出手。它是铅球技术中最重要的阶段，占铅球出手速度的 80%～85%。它直接决定着铅球的出手速度、出手角度和出手高度，最终决定投掷远度。

（1）用力顺序

① 蹬转：右脚落地瞬间迅速蹬转。

② 送：积极送髋，形成超越器械动作。

③ 抬：在左臂引导下，上体迅速抬起。

④ 挺：挺胸、展髋。

⑤ 推拨：大臂带小臂用力，手指拨球。

（2）左侧撑蹬

① 左脚以脚内侧快速落地、支撑。

② 形成以左脚—左膝—左髋—左肩为轴的制动支撑。

### 6. 维持身体平衡

铅球出手后，为了防止犯规，运动员通常采用换步、旋转和降低身体重心来减缓冲力，以维持身体平衡，防止踩上抵趾板或出界犯规。

## 二、旋转推铅球技术

为了便于分析技术和训练，一个完整的旋转推铅球技术可分为：握球和持球、预备、旋转、腾空—过渡阶段腾空、最后用力、维持平衡 6 个部分（图 10-2）。旋转推铅球技术动作结构特点（以右手为例）。

### 1. 握球和持球

旋转推铅球的握持球与背向滑步推铅球基本相同，但位置稍向颈侧后方移动，以便对抗旋转过程中铅球的离心力，保持铅球稳定。

图 10-2　背向旋转推铅球技术

**2. 预备姿势**

运动员背对投掷方向站立，两脚左右开立，距离大致与肩同宽，持球臂的肘部向外展开与肩齐平，上体前屈或微前屈，身体自左向右转动，同时身体重心偏向于右腿，身体扭转到最大程度完成预摆动作。预摆动作结束时，身体重心偏向于双脚的前脚掌，以便于进行第一转。

**3. 旋转**

预摆结束后，身体重心一边由右侧移向左侧，一边以身体左侧为轴进行旋转，左脚、左膝关节的转动早于上体，有利于增加旋转的速度。当身体重心偏向于左脚后，右脚尽量晚离地，右脚的最后蹬伸动作有利于增加旋转速度。右脚离地后右腿沿左侧身体轴旋转，同时向投掷方向摆动，右腿摆动的幅度因人而异。当身体继续向投掷方向运动，面对（或略过）投掷方向时左侧蹬地离开地面，这个蹬伸动作不宜过大，膝关节过度蹬伸会使身体重心快速升高，不利于后续动作的完成。当左脚即将蹬离地面时，整个身体处于向投掷方向倾斜并有一定程度扭转姿势。旋转推铅球技术是"人体-铅球系统"旋转和位移的复合运动，非实体旋转轴的确定、旋转轴与身体各环节之间的关系以及在运动中的变化是技术训练中需要重点注意的难点。

**4. 腾空—过渡阶段腾空**

当左脚蹬离后，整个身体处于腾空状态，在腾空阶段身体重心应保持平稳，身体适当加大了扭转的程度。腾空阶段结束后，右脚落地—左脚落地的过渡阶段是重要的技术环节，将决定最后用力的效果。右脚落地后与投掷反方向夹角大约 45°～90°，左脚尽量靠近右腿摆动，左脚尽快落地，左脚落地投掷方向夹角大约 25°～45°。在这个过程中整个身体呈伸展、扭紧状态，为最后用力创造良好的条件。

**5. 最后用力**

右脚、左脚都落地后进入最后用力阶段，身体动作协调配合，转动和向投掷方向移动的同时进行，整个身体围绕左侧身体的旋转轴进行旋转，身体重心快速由右脚转移到左脚，在左侧强有力支撑用力作用下，身体形成弓形用力姿态，拉长拉紧各部位肌肉，然后利用"弓"的反振和弹绷力学条件，借助身体肌肉拉长后的快速收缩，右臂加速用力，将铅球沿切线方向投出。优秀运动员旋转推铅球出手角度一般在 30°～35°。"人体—铅球系统"在高速旋转—向前运动状态下进入最后用力阶段，动作难度大，需要充分注意左侧身体的支撑用力动作的合理性，尽量避免以身体中间为轴的转动，减少人体给铅球的作用力。

**6. 维持平衡**

铅球投出后迅速转动身体，下降重心，防止犯规。旋转推铅球技术使人体和铅球在快速转动的形式下向投掷方向运动，有双脚的双支撑、单支撑-腾空-双支撑动作过程，通过最后用力阶段使铅球沿切线方向投出。动作复杂且难于控制，在运动中保持良好的平衡是运动员充分发挥自身能力的重要条件之一。

## 第三节　推铅球教学方法与手段

对初学者来说，采用先简单后复杂，先分解后完整的练习方法。铅球项目的教学重点应该放在最后用力技术环节上。且要以教会学生正确的用力顺序、建立稳固的左侧撑蹬动作为最后用力技术教学的重点内容。教学难点是滑步阶段与最后用力阶段"无缝"衔接（过渡阶段）。

### 一、推铅球技术教学中教学步骤（铅球教学程序"8段法"，以右手持球为例）

#### 1. 原地正面屈膝推铅球

握持好球后，面对投掷方向，左右开立略比肩宽，肩横轴和髋横轴面对投掷方向不转动，屈膝，两脚前脚掌着地，目视前上方，两脚同时蹬地将球推出。注意要让学生体会自下而上的发力顺序（图10-3）。

#### 2. 原地正面屈膝转肩推铅球

握持好球后，面对投掷方向，两脚左右开立略比肩宽，髋横轴面对投掷方向不动，肩横轴顺时针转动至最大幅度，然后屈膝蹬地转肩将球推出。注意自下而上蹬地发力，同时重点体会躯干肌群扭紧后挺胸转肩与蹬地发力的协调配合（图10-4）。

图10-3　正面屈膝推铅球

图10-4　原地正面屈膝转肩推铅球

#### 3. 原地正面呈反弓形推铅球

握持好球后，面对投掷方向，两脚前后开立，挺胸抬头，目视出球方向，左脚在前，右脚在后，右脚前脚掌着地，重心位于右脚上，肩横轴和髋横轴面对投掷方向不转动，屈膝挺髋，使身体成反弓姿势，然后利用两腿蹬伸、抬头挺胸和躯干的力量，向前上方将球推出。注意右腿应主动向前蹬地，同时左侧撑蹬用力，自下而上用力，利用反弓用力将球推出。

#### 4. 原地正面呈反弓加肩轴转动推铅球

握持好球后，面对投掷方向，两脚前后开立略比肩宽，左脚在前，右脚在后，右脚前脚掌着地，重心位于右脚上，髋横轴面对投掷方向保持不动，肩横轴顺时针转动至最大幅度，屈膝蹬地将铅球推出。

#### 5. 原地侧向推铅球

握持好球后，身体左侧对着投掷方向，两脚左右开立约1.5倍肩宽，左脚尖内旋指向斜前方，且使左脚尖与右脚跟在一条直线上，右膝弯曲，上体向右倾斜扭转，重心落在右脚前脚掌上，左臂微屈于胸前。推球时，右脚迅速用力蹬地，右膝内扣，右髋前送，挺胸、抬头，右臂迅速伸直将球向前上方约成 40°～42°左右推出。

**6. 背向滑步成"侧弓形"**

背向滑步推铅球滑步完成，左脚完全着地形成双支撑后，右腿随即转蹬推动髋部牵拉肩部向投掷方向转动，身体向由后方倾斜，有一定的扭转角，铅球留在身体重心的后方，身体左侧肌群最大程度拉紧，此时左肩朝向投掷方向，右腿屈膝，前脚掌着地，重心位于两腿之间，为最后用力地加速创造良好的力学条件（图10-5）。

图 10-5　背向滑步成"侧弓形"示意图

**7. 背向滑步成"反弓形"**

在上一步基础上髋横轴和肩横轴继续转动，至髋横轴与肩横轴都面对投掷方向，肩横轴基本平行于髋横轴，固定左侧，左腿支撑压紧，右腿的支撑反力向上传递，左腿蹬伸发力，支撑整个身体。左侧有效制动，抬头挺胸，此时身体犹如一张拉满的弓箭，蓄势待发，为最后的鞭打做好发力准备。

**8. 完整的背向滑步推铅球**

见第二节背向滑步推铅球技术详细讲解。

## 二、教学中利用实心球熟悉球性的练习方法手段

**1. 双脚夹球前抛练习**

双脚夹紧球，屈膝将球向正前方抛出，两人尽量同时抛出实心球，使球在中间相撞。此练习手段考验对球的控制能力以及两人的配合能力。

**2. 双脚夹球向后抛接球练习**

双脚夹紧球，屈膝跳起，向后用力将球在身后高高抛起，尽量使抛起来的实心球高于肩，在球下落过程中用双手接住则视为成功一次，可规定成功次数，次数达标者停止，未完成者继续直至达标为止，老师可以负责监督。

**3. 前抛地滚球练习**

在以上基础上加长两队间距，在保证安全距离基础上，学生双手持球，向正前方抛出，使球贴地面滚动，为加大难度，两人可以配合尽量使球在中间相撞，可以在规定时间内纪录相撞次数，完成次数多者名次列前，可给予相应奖励，抑或相反。

# 第四节　推铅球训练方法与手段

## 一、推铅球技术相关练习方法手段

**1. 投掷臂快速推拨球练习**

练习者两腿平行分开，上体前屈，投掷臂持球抵在锁骨窝处，成持球姿势，然后快速把球向下方直线推出。

练习目的：为铅球练习或比赛热身，并发展上肢的快速推拨球能力。

**2. 双人协作牵拉双臂滑步练习**

练习者以滑步低姿站位，做向后连续背向滑步动作，同伴拉住练习者双手，配合练习者进行滑步（在练习者滑步时给予适当的阻力，但又不影响滑步进行）。

练习目的：防止滑步过程中上体过早、过多抬起，提高下肢爆发力。

#### 3. 双人协作牵拉摆动腿滑步练习

练习者做徒手握持球动作，同伴拉住练习者左腿，在滑步过程中向后给予适当的助力，引导进行滑步练习（图10-6）。

练习目的：加大滑步距离，提高两腿的蹬摆结合能力。

#### 4. 背向滑步蹬地腿蹬收扣练习

练习者成背向滑步低姿势站位，持球手同侧蹬地腿踝关节后系一条橡皮带，橡皮带另一端在同一高度固定住，练习者做滑步的模仿练习，给支撑腿提供阻力可以提高练习者滑步过程的稳定性。

图10-6　牵拉摆动腿滑步练习

练习目的：发展蹬地腿向投掷方向快速后蹬滑行的能力。

#### 5. 坐姿推实心球练习

练习者成坐立姿势，身体面对投掷方向，握持好球后，转肩到最大幅度，体会转肩推手协调发力。

练习目的：控制下肢发力，锻炼转肩推手的连贯性，加强对腰腹和上肢配合能力。

#### 6. 跪姿推实心球练习

练习者成单腿跪立姿势，身体侧对投掷方向，左脚在前右脚在后，右脚脚背着地，推球时加大肩髋扭转，利用转体的力量将球向前上方推出。

练习目的：在坐姿推铅球的基础上进一步解放腰腹，在控制下肢蹬地发力情况下，体会腰腹与手臂的协调发力，锻炼腰腹肌力量和大臂力量。

## 二、推铅球的专项身体训练方法手段

### （一）专项速度练习方法手段

（1）多级跨步跳。
（2）立定跳远或立定三级跳远。
（3）蛙跳。
（4）双腿跳过若干栏架。
（5）蹲踞式起跑。
（6）30m加速跑。
（7）负轻杠铃快速转体。
（8）推轻球。

### （二）专项力量练习方法手段

#### 1. 杠铃摆腰练习

双膝微屈，双手扛住杠铃杆，躯体左右转动，幅度要大，速度要快，在转腰至最大角度时，用脚步力量蹬地转回。

练习目的：增强运动员的蹬地转体能力。

#### 2. 壶铃摆腰练习

双手握持壶铃，双脚左右开立略比肩宽，下肢保持原地不动，上体向右后方转动，壶铃后摆，右脚蹬地转髋，利用蹬地转髋的力量带动上体使壶铃摆动到左后方，依次蹬伸左腿和右腿，顺势左右转髋摆动壶铃。

练习目的：增加运动员的腰腹量爆发力。

### 3. 双臂持壶铃跳

腿部呈马步状，上体直立，双手持壶铃，目视前方，挺胸抬头，腰部发力，跳起时脚跟先离地，落地时脚掌先着地，每组12～15次，做完之后应加速跑，锻炼腿部爆发力及肌肉。

### 4. 单臂持壶铃跳

左脚略靠前，右手持起壶铃放于肩上，身体保持直立，左手扶持壶铃保持平衡，腿部发力，由下至上，壶铃顶起，右臂上举壶铃，保持动作连贯。

练习目的：锻炼肩部肌肉及核心力量和腿部发力顺序。

### 5. 背向负杠铃蹬转成满弓练习

练习者身负杠铃或杠铃杆成背向或侧向原地推铅球姿势站位，按照蹬、转、送的技术要求，快速进行蹬转成满弓练习（图10-7）。

练习目的：发展蹬地腿、腰周肌群力量及提高上体满弓的控制能力。

图10-7　背向负杠铃杆蹬转成满弓练习

### 6. 橡皮带顶髋前推练习

两根橡皮筋一端固定，练习者成跪姿，将其中一根橡皮筋的另一端系于腰间，双手抓住另一根橡皮筋的一端，做向前顶髋练习，同时双手在身前做曲和伸的练习（图10-8）。

练习目的：深度体会核心发力，提高肩关节的力量和稳定性。

图10-8　橡皮带顶髋推球练习示意图

## （三）专项柔韧性、灵活性训练的方法手段

（1）各种压腿、踢腿。

（2）前后或左右大分腿下压。

（3）负重体侧屈，逐渐加大体侧的程度。

（4）瑞士球柔韧性相关练习。

（5）垫上练习，仰卧转髋，仰卧听信号团身起立。

(6) 交叉步跑。
(7) 行进间听信号急转身加速跑。
(8) 立卧撑练习，直立 - 蹲撑 - 俯撑 - 蹲撑 - 直立，反复做。
(9) 单腿向后转髋跳。
(10) 肋木原地转髋练习。

## 第五节　推铅球常见错误动作、产生原因及改进措施

### 一、滑步距离过短

**1. 产生原因**
（1）蹬摆动作开始时机不正确。
（2）右腿蹬伸力量不够，蹬摆动作不协调。
（3）右腿蹬伸结束后回收不积极。

**2. 改进措施**
（1）在地上画出标志，反复做徒手或持球滑步，使右脚落在标志上。
（2）徒手或持球做蹬摆动作的分解练习和结合练习。

### 二、滑步结束后上体抬起过早，身体姿势形成"马步"

**1. 产生原因**
（1）右腿收腿动作不到位，未落到身体重心的下方。
（2）滑步过程中左肩和头部过早向投掷方向转动。
（3）对超越器械的概念理解不深刻。

**2. 改进措施**
（1）练习者双手或左手拉住同伴或橡胶带做滑步练习。
（2）滑步过程中始终目视在地上做出的标记，防止头部过早抬起。

### 三、滑步时，身体重心上下起伏过大

**1. 产生原因**
（1）蹬地或摆腿的方向过于向上。
（2）右脚力量不足，膝关节弯曲过大。

**2. 改进措施**
（1）通过讲解、示范、观看教学录像等，使学生明确身体重心的移动轨迹，身体的移动要快，右腿不能离地过高。
（2）反复进行徒手或持轻器械的滑步练习，加深体会身体重心先向投掷方向移动，然后左腿的摆和右腿的蹬密切配合，上体不能抬起，身体不左转，保证重心的相对平稳。

### 四、滑步与最后用力之间衔接不好，出现停顿

**1. 产生原因**
（1）左腿过度向上摆动，或下落时不是积极主动发力。
（2）右腿收拉后没有内扣动作，影响右腿快速的蹬伸，腿部力量较弱。

2. 改进措施

（1）在适宜高度设置障碍物，体会摆动腿摆动的方向和位置。
（2）徒手或持球做衔接的专门练习，注意上体应前屈，降低重心。
（3）加强腿部力量的训练，特别是快速力量。

## 五、推球时身体向左倒

1. 产生原因

（1）上体过早用力，没有送髋反弓动作。
（2）对左臂的运动路线不了解，左臂过度向左后方摆动，身体左侧未能形成一体支撑。
（3）左脚落地位置过于偏左。

2. 改进措施

（1）滑步后保持上体正确姿态。
（2）保证左臂和左肩的用力到位并与身体右侧协调用力。
（3）在地上做出相应标志，限制左脚落地的位置。

## 六、推铅球时肘关节下降，形成抛球

1. 产生原因

持球臂肘过低，滑步过程中或开始推球时，头部过早转向投掷方向。

2. 改进措施

（1）通过反复的练习和重点提示，加深学生对"推"铅球的认识和理解，明确铅球出手的瞬间，注意持球时手臂的动作。
（2）多做正面推球，要求肘关节上抬（不高于肩）。

# 第六节　推铅球比赛赏析

## 一、最佳观看位置

推铅球运动主要是给观众一种力的美感，为了能够看清运动员的连续动作画面以及铅球在空中的飞行路线与落点，选择在投掷区侧面位置并尽可能位于正侧面为好，近景观看可以比较清楚地看到运动员的脸庞和侧面的动作姿态。

## 二、推铅球的欣赏要点

欣赏推铅球项目的最大看点就是观看运动员的造型美、力量之美和投掷器械的飞行美，推铅球运动主要体现出人类的力量、速度、平衡、协调等素质美。

## 三、观众与运动员的互动

观众与运动员的良好互动，有助于运动员更好的发挥，在观看比赛过程中，应尽量做到以下几点：

（1）运动员出场时，观众应该给予鼓励和热烈的掌声。
（2）运动员试投前主动煽动观众热情时，观众要积极配合，给运动员信心，活跃比赛气氛。

（3）当运动员即将准备进入投掷圈时，观众应视现场情况报以热烈的掌声和欢呼声，以表示对运动员的喜爱和支持。

（4）当运动员开始投掷时，观众应保持安静，注意不要在看台上随意走动。

（5）运动员投掷结束时，观众应报以热烈掌声和欢呼声表示鼓励。

# 第十一章 标枪

## 第一节 标枪运动的发展概况

### 一、标枪运动的发展史

1861年第一届近代奥运会在雅典举行,但没有设标枪比赛,直到1908年伦敦奥运会时标枪才成为正式比赛项目。国际田联为保证看台观众的安全,1986年将男子标枪重心向枪尖方向前移4厘米,以降低飞行性能。男、女标枪分别于1908年和1932年被列为奥运会比赛项目。目前男子标枪世界纪录保持者是捷克运动员泽莱兹尼,98.48m的优异成绩至今仍无人打破。女子标枪世界纪录保持者是捷克运动员斯波塔科娃,以72.28m的优异成绩创造世界纪录。我国男子标枪亚洲纪录保持者赵庆刚,2014年10月2日,在仁川亚运会田径男子标枪比赛中,以89.15m的成绩打破亚洲纪录并夺得冠军。我国女子标枪亚洲纪录保持者刘诗颖,2017年5月21日,在世界田径挑战赛日本川崎站比赛中,以66.47m打破亚洲纪录。

现在标枪是由铝、钢等合金材料制成。现代奥运会最初几届的标枪比赛中,使用的标枪材质是木制的,当时采用的投掷步中交叉步是右脚在左脚的后面,右手投掷,称之为"后交叉步"。

随着科学技术和训练水平的不断提高,掷标枪技术也相应发生了变化,一些专家从生物力学等多角度探讨科学合理的技术,并提出以增加运动员的助跑速度和最后用力阶段时加大转体幅度,来提高标枪的出手速度,充分发挥最后用力时"鞭打"动作机制的人体运动链效应。

### 二、标枪运动的竞赛规则

男子标枪重800g,长260~270cm;女子标枪重600g,长220~230cm。比赛时,运动员必须单手将标枪从肩上方掷出,枪尖必须落在投掷区的线内方为有效。

(1)运动员超过8人时,允许每人试投3次,成绩最好的前8名可再投3次,试投顺序与排名相反,比赛人数为8人或少于8人时,每人都有6次机会试投。

(2)比赛开始前,运动员可以在比赛场地练习试投,练习时应按照事先安排好的顺序进行,听从裁判员的指挥。

（3）比赛开始后，运动员不可以拿枪练习。

（4）投枪时握于把手处，从肩部上方将标枪掷出，不得采用抛甩或非传统姿势试投。

（5）只有枪尖先于标枪的其他部位触地，试投才算有效。

（6）运动员在标枪出手之前，身体不能背对投掷弧。

（7）开始试投后，运动员身体的任何部位均不可触及投掷弧、投掷弧延长线、助跑道标志线和助跑道以外地面，如有触及均判为试投失败。

（8）标枪枪尖必须完全落在落地区角度线内沿以内区域，方为有效。

（9）标枪落地后，运动员方可离开助跑道，运动员必须在投掷弧及其两侧延长线后离开，触及投掷弧延长线的同样判作试投失败。

（10）以运动员试投的最佳成绩，作为个人最终成绩。

## 第二节　掷标枪技术

### 一、掷标枪技术动作结构特点（以右手为例）

标枪的完整技术动作分为握持器械、助跑（预助跑、投掷步）、最后用力和器械出手后维持身体平衡四个阶段。

### 二、掷标枪四个阶段的技术要点（以右手为例）

#### （一）握持器械

（1）握法：将大拇指和中指握于标枪把手上沿，食指自然弯曲斜握于标枪上，无名指和小指握在把手上（图11-1）。

（2）持枪：持枪的方法是屈臂持枪于肩上，大臂与肩的夹角、大小臂的夹角均约为90°，肘关节不要外展，枪尖略低于枪尾（图11-2）。

图 11-1　握持器械

图 11-2　肩上持枪法

#### （二）助跑阶段

**1. 预助跑阶段**

预助跑阶段是助跑第一阶段，助跑时上体稍前倾，左臂自然摆动，持枪臂放松，预跑阶段一般为8步。

**2. 助跑第二阶段**

助跑第二阶段为五步，这五步分别为：第一步引枪交叉步、第二步引枪侧跨步、第三步交叉步、第四步投掷步和第五步缓冲步。当左脚踏上第二标志线后，迈右腿即开始第一步。

第一步、第二步：引枪交叉步与引枪侧跨步
目的：将标枪由持枪动作转换为标枪出手前的最佳位置。
动作特征：左脚踏上第二标志线后即刻进入投掷步阶段，迈右腿做引枪交叉步（图11-2）。右脚落地后，左腿积极前摆进入引枪侧跨步阶段（图11-3），左脚落地时身体侧对投掷方向。
第三步：交叉步
目的：为最后用力做准备，完成"超越器械"，是关键的一步。
动作特征：由左脚落地开始，右腿积极前摆，促使下肢加速向前，形成超越器械姿势，为最后用力创造良好条件（图11-4）。
第四步：投掷步（最后用力）
目的：标枪技术中最重要的环节，对标枪成绩起着决定性作用。
动作特征：投掷步也叫最后用力，右腿落地，重心落在弯曲的右腿上，右腿积极向前蹬地，左腿积极前迈，制动支撑，最后经肩上将标枪掷出。
第五步：缓冲步。
目的：停止身体向前的运动以及避免犯规。
动作特征：器械出手后，迅速做交换腿，右腿前跨一大步，降低身体重心，缓冲向前的冲力，维持平衡。

## 第三节 掷标枪技术教学方法与手段

### 一、掷标枪技术教学步骤与方法

#### （一）学习最后用力技术（右手为例）

（1）"满弓"练习。
练习目的：体会最后用力时，身体的用力顺序。
方法：原地持器械"满弓"、肋木顶髋、肋木拉肩、两人配合拉肩、双人协作持枪肩上"满弓"、单手持重物反身拉弓。
（2）原地正面插枪。正对投掷方向，两脚左右开立，右手持枪于右肩后上方，上体后倾枪尖低于枪尾，两脚蹬地，将标枪向前插。动作熟练之后可前后站立，左脚在前。设置一个目标圈，让学生往圈里插枪，目标设置由近至远，由大到小。
（3）正面上一步插枪。同正面插枪的预备姿势，迈左腿，向前插枪。
（4）原地侧向掷标枪。两脚左右开立与肩同宽，下肢正对投掷方向，躯干侧对投掷方向，蹬腿，先前插枪。动作熟练之后，两脚前后站立，身体侧对投掷方向，枪尖低于枪尾，向前方5～6处插枪。
（5）侧向上一步掷标枪。两腿微曲站立，用力时左腿向前迈一步，蹬腿、投掷臂向上翻转，向前插枪。

#### （二）学习交叉步掷标枪技术

（1）交叉步练习。侧对投掷方向，两脚前后开立，做预备姿势，右腿屈膝积极前摆，左脚积极着地，形成制动。
（2）交叉步投枪练习。做一个交叉步，向前插枪。
（3）引枪练习。进行引枪交叉步和引枪侧跨步练习，引枪交叉步半引枪，引枪侧跨步投掷臂完全伸展，完成引枪动作。

（4）助跑第二阶段练习。助跑第二阶段分为五步，引枪交叉步、引枪侧跨步、交叉步、最后用力步和缓冲步，缓冲步全程投标枪时采用，前四步进行反复练习。步伐熟练之后，可进行四步将标枪投出。

### （三）学习全程助跑掷标枪技术

（1）持枪助跑：右手持枪于肩上，进行助跑，左臂和右投掷臂协调摆动，与跑的节奏相协调，目视前方。

（2）持枪助跑4步接助跑第二阶段的练习。

（3）持枪有节奏跑4步接助跑第二阶段，做徒手投出动作、掷垒球或鞭打竹条，做最后投掷动作的练习。

（4）全程持枪助跑8步接助跑第二阶段掷标枪的练习。

（5）反复进行全程掷标枪练习。

## 二、掷标枪教学练习手段

对初学者来说，采用先分解后完整的方法，教学顺序上应按照倒序的方式进行教学。掷标枪教学重点：最后用力技术、投掷步与最后用力的衔接及助跑与投掷步的衔接，难点：投掷步的节奏和最后用力时身体的用力顺序。

### （一）技术模仿练习

#### 1. 手持器械"绕8字"

两手横握于标枪上，宽于肩，直臂向身后"绕8字"。

练习目的：发展肩关节的柔韧和灵活性，活动肩部，预防损伤。

#### 2. 手持器械翻肩

两脚与肩同宽，两手横握标枪，调整到适合自己的距离，由前向后直臂翻过去，然后直臂原路返回，连续进行。

练习目的：发展肩关节的柔韧和灵活性，活动肩部，预防损伤。

#### 3. 原地持器械"满弓"

左手握住枪头，右手握住标枪把手，原地进行翻肩成"满弓"练习，翻肩时，左手握住枪头将其固定，防止器械无限向前（图11-3）。

图11-3 原地持器械"满弓"

练习目的：使学生体会"满弓"动作，反复练习建立起正确的动作模式，纠正错误动作，发展肩部柔韧性。

#### 4. 原地、上步拉橡皮带

标枪技术模仿动作（图11-4）。

图 11-4　原地、上步拉橡皮条

5. **直臂硬拉橡皮带**

站立（跪姿）在垫子上，同伴在后面辅助，两手握住橡皮带，直臂上举，向前拉橡皮带（图 11-5、图 11-6）。

练习目的：发展躯干和上肢的力量和稳定性。

图 11-5　站姿直臂硬拉橡皮带　　　　图 11-6　跪姿直臂硬拉橡皮带

6. **肋木顶髋**

背对肋木，双脚略宽于肩，双手握住肋木，与肩同宽，蹬腿、顶髋、挺胸、抬头，之后回到原来位置，连续进行。

练习目的：专项模仿练习，建立正确的用力顺序。

7. **原地肋木拉肩**

右手握住肋木，做原地拉肩，动作之间协调配合。

练习目的：原地"满弓"拉肩，明确最后用力顺序，纠正错误动作，建立动力定型，同时对肩部进行拉伸，发展柔韧性，防止受伤。

8. **鞭打竹条**

原地鞭打竹条，动作迅速，鞭打竹条时，发出的声音要干脆，可加上步或助跑，循序渐进练习。

练习目的：发展快速鞭打能力，在掷标枪前后做的专项练习。

9. **持枪连续交叉步**

投掷臂持枪向身后引枪，上体侧对投掷方向，目视前方，进行连续交叉步跑，交叉步跑时步幅要大，左臂在体前自然摆动，连续交叉步跑 30m。

练习目的：练习、巩固交叉步技术，体会交叉步节奏。

10. **持枪跑接交叉步**

投掷臂持枪于肩上，进行 30m 持枪跑，左臂在体侧自然摆动，最后接一个引枪交叉步进行制动。

练习目的：体会助跑投枪时与投掷步之间的衔接。

### 11. 打枪尾

准备姿势同原地掷枪动作，右手握住标枪的尾部，翻肩将标枪鞭打至前方，枪尖触地，接着转身继续进行此练习（图11-7）。

练习目的：发展前臂和手腕的力量。

图11-7　打枪尾

## （二）实心球练习

### 1. 双手投实心球

两脚前后开立，两手持球，上体后倾，蹬腿、挺胸、振臂将球掷出。

练习目的：发展躯干的力量，体会自相而上的发力顺序。

### 2. 跪姿投实心球

动作要领：双膝（单膝）跪地，双手头后持球，上体后倾，将球掷出。

练习目的：体会胸带臂的用力顺序。

### 3. 侧抛实心球

背对投掷区，双脚与肩同宽，两臂伸直置于胸前，直臂向右转，从左后上方将球抛出，头转向出手方向（图11-8）。

练习目的：发展躯干两侧力量。

图11-8　侧抛实心球

### 4. 上抛实心球

同前、后抛预备姿势，蹬腿、挺胸、展臂，将球抛至头上方。

练习目的：发展全身爆发力和肌肉控制器械的能力。

## （三）双人协作专项模仿练习

### 1. 两人配合拉肩

同伴站在练习者的后方，右手握住练习者的投掷臂，左手放在肩膀后面，做原地"满弓"，反复练习（图11-9）。

练习目的：体会技术动作，体会"满弓"练习时肌肉的感觉和肩部的拉伸感。

## 2. 双人协作持枪肩上"满弓"

练习者单手持枪做引枪姿势,原地翻转成"满弓",同伴两手握于枪尾,与练习者之间形成对抗(图11-10)。

练习目的:体会最后用力时肌肉用力顺序,发展肩、腰部位的柔韧性。

图11-9 两人配合拉肩　　　　　　图11-10 双人协作持枪肩上"满弓"

## 3. 对抗拉肩

练习者做"满弓"动作,同伴拉着练习者投掷臂,练习者被动牵拉,肩关节活动开之后,练习者主动牵拉,动作持续 10~15s。

练习目的:发展肩部柔韧性,在短时间内快速、有效地对肩部肌肉进行拉伸。

## 4. 双人顶肩

两人配合,练习者背对肋木,双手反握肋木,身体放松,同伴用肩顶住对方的肩膀后部,缓慢向上顶起。

练习目的:加强练习者肩部、背部柔韧性和灵活性,在做热身活动时,这种练习方法非常有效。

## 5. 两人对投垒球

初学者在掷垒球时,做到向前的速度,才能达到练习目的。

练习目的:更接近标枪的完整技术,学习掷标枪技术时最常用的专项练习手段,掷标枪前后进行。用于提高练习者的出手速度。

## 6. 上步投垒球

对墙上步投垒球,两人一组,可原地进行,几组之后可加投掷步掷垒球,然后,加助跑掷垒球,同伴接到弹出去的球之后接着进行投掷,两人配合,一人捡球,一人掷球。

练习目的:发展动作速度,体会最后用力时的快速出手感觉。

### (四)力量练习手段

#### 1. 单手持重物反身拉弓

双脚与肩同宽,投掷臂持杠铃片下摆并顺势抬起摆至体前远端,身体向后转,进行鞭打,连续进行(图11-11)。

图11-11 单手持重物反身拉弓

练习目的：发展投掷臂、肩、胸大肌的专门力量和腰部柔韧性，为最后用力打好基础，体会协调用力顺序。

#### 2. 肩负杠铃转体

肩负杠铃，两手握杠铃两侧，两脚开立，略宽与肩，自下而上进行发力，左右交替连续进行。

练习目的：重点发展运动员躯干两侧肌群的快速力量和肌肉控制能力，建立自下而上正确的发力顺序。

#### 3. 站立头后拉

双脚前后站立，左脚在前，双手持杠铃，两手与肩同宽，上体微后倾，手腕放松，自下而上发力，连续快速进行练习。

练习目的：提高躯干、肩带和上肢的专门力量与稳定性，并体会自下而上的用力顺序。

#### 4. 鞍马拉肩（双手、单手）

两腿前后站立同投枪动作，背部贴近鞍马，手持杠铃片向后引，自下而上发力，连续进行。

练习目的：发展上肢和躯干的力量，体会自下而上的用力顺序。

#### 5. 持重物上步"满弓"

双脚开立与肩同宽，双手持重物举过头顶，左腿顺势向前做弓步，之后收于体前，接着上举迈右腿，左右腿交替进行。

练习目的：体会最后用力时的发力顺序，发展肩部、躯干和下肢力量与柔韧性。

#### 6. 持重物腰绕环

双手握于杠铃片两侧于胸前，两臂伸直，与肩持平，双腿与肩同宽并微曲，左右两侧依次绕环（图11-12）。

图11-12　持重物腰绕环

练习目的：发展上肢、躯干、腰腹和下肢的力量，加强腰腹和髋关节的灵活性，同时提高学生的身体协调性。

#### 7. 负重平推

双手持杠铃于胸前，双脚前后开立，自下而上进行发力，将杠铃杆向前推出，动作结束后迅速将杠铃杆拉至胸前，快速重复这一练习。

练习目的：体会肌肉用力顺序和手腕的快速鞭打动作，发展肌肉的快速力量。

#### 8. 负重顶髋

两手握杠铃杆在体后，两腿半蹲，向前顶髋，同时向后推杠铃杆，迅速收回，连续进行。

练习目的：体会顶髋意识，发展上下肢力量。

#### 9. 半蹲抖手腕

两脚开立与肩同宽成半蹲姿势，将杠铃杆放置膝盖上，手心朝上，手臂不动，手腕的屈伸幅度要大，动作迅速。

练习目的：重点发展手腕和前臂力量。

10. 站立抖手腕

双手握杠铃与肩同宽，快速抖动手腕。

练习目的：发展手腕的力量和灵活性。

## （五）协调性和柔韧性练习

对初学者来说，可以通过多种运动技能学习和体验有效提高灵敏和协调性，如各种球类游戏、球类活动、体操、技巧、游泳，以及田径运动中的各种跑、跳、投练习等。

1. "下桥"

初学者可先平躺于垫子上，双手上举置于头后，手脚同时用力，成"桥"状，熟练之后，可慢慢缩短手脚之间的距离。之后，将身体重心移至肩部，进行顶肩，活动肩部肌肉。

练习目的：增强运动员肩关节、腰部的柔韧和灵活性。

2. 原地转髋

双手扶肋木，双脚宽于肩。双脚同时跳起，转髋的同时，双脚也随之转动，连续进行。

练习目的：发展运动员髋部灵活性的同时也锻炼下肢协调性。

3. 手持杠铃片

肩绕环、振臂、负重弓箭步走、负重颈后连续挺举等。

## （六）趣味练习

1. 交叉步单手侧身投比远

练习者手拿沙包站于投掷线后，以标枪交叉步的技术将沙包经投上向头掷方向抛出，抛出距离远者胜。

练习目的：提高爆发力，发展上下肢协调用力的能力。

2. 扔纸飞机比远

练习者站在同一起投线后，将准备好的纸飞机以最后鞭打的动作向前飞出，飞机距离起投线远者胜。

练习目的：发展腿、髋、躯干和肩带的专门快速力量，体会最后用力动作的顺序，改进技术。

## 第四节　掷标枪训练方法与手段

### 一、掷标枪的技术训练

（1）掷标枪各种专门练习和模仿练习（徒手和带器械）。

（2）原地、上步、短程助跑、全程助跑的模仿练习。

（3）原地和上步插枪、投小球和石块、鞭打竹条、掷标枪。

（4）原地侧向掷轻标枪、标准枪。

（5）交叉步跑练习和交叉步掷标枪。

（6）原地、上步和短程、全程助跑（采用不同的助跑速度）做引枪练习。

（7）助跑第二阶段五步掷标枪或投掷其他器械。可在地上画出步点标志练习，以形成稳定动作模式。

（8）以各种速度做持枪助跑练习和预跑阶段接助跑第二阶段的五步练习。

（9）短程、半程、全程助跑掷标枪或投掷轻、重器械。
（10）两人对投垒球，上步投垒球。

## 二、掷标枪的专项身体训练

### （一）专项速度训练的方法和手段

#### 1. 发展助跑速度的主要练习
（1）短、中、长距离持枪跑，利用下坡进行持枪跑。
（2）15～20m持枪计时跑。
（3）持枪跑接最后五步的节奏跑练习。
（4）徒手、持枪连续交叉步跑。
（5）持枪全程助跑练习。

#### 2. 发展专项动作速度的主要练习
（1）原地、上步或全程鞭打竹条、投掷各种轻器械。
（2）先投重器械，再投轻器械发展动作速度。
（3）各种"鞭打"练习。
（4）反弹球、杠铃辅助练习。

### （二）专项力量训练的方法和手段
（1）双手投实心球。
（2）跪姿投实心球。
（3）侧抛实心球。
（4）上抛实心球。
（5）单手持重物反身拉弓。
（6）肩负杠铃转体。
（7）站立、仰卧头后拉。
（8）持重物上步"满弓"。
（9）持重物腰绕环。
（10）鞍马拉肩（双手、单手）。
（11）负重平推。
（12）半蹲抖手腕。
（13）站立抖手腕。
（14）颈前颈后推。
（15）坐凳肩负杠铃转体。
（16）双手持杠铃片弓步臂上举。
（17）练手持杠铃片左、右腰绕环。
（18）手持杠铃片振臂，单臂或双臂绕肩转动，或绕肘、腕转动。

### （三）柔韧性、灵活性训练的方法与手段
（1）两人配合拉肩。
（2）双人协作持枪肩上"满弓"。
（3）对抗拉肩。

(4)双人顶肩。

## 第五节　教学中易出现的错误动作、产生原因及改进措施

### 一、预跑阶段的速度呈逐渐减速的趋势，节奏感差

**1. 产生原因**
(1)未能掌握助跑节奏。
(2)没有很好的掌握投掷步技术，动作处于泛化阶段。

**2. 改进措施**
(1)持枪加速跑练习。
(2)反复练习持枪加速跑接投掷步练习。

### 二、助跑与投掷步衔接不顺畅，出现减速、停顿等现象

**1. 产生原因**
(1)助跑速度过快。
(2)动作的完整技术不熟练。
(3)助跑第一阶段与助跑第二阶段之间的配合不熟练。

**2. 改进措施**
(1)应适当减慢助跑速度，巩固助跑与投掷步之间的衔接。
(2)反复练习助跑第二阶段动作，并将助跑第一阶段与助跑第二阶段相结合进行练习。

### 三、引枪的位置和方向不正确，如标枪离身体太远、手臂过低或枪尖过高等现象

**1. 产生原因**
(1)肩部柔韧性差。
(2)肌肉控制器械的能力较弱。

**2. 改进措施**
(1)多做发展肩关节柔韧性的专门练习如，肩绕环、直臂翻肩、两人配合拉肩等。
(2)练习引枪时，老师或同伴在后面协助控制标枪的位置、方向。

### 四、投掷步节奏不好，第三、四步明显减速

**1. 产生原因**
(1)预跑段速度过快，打乱了投掷步的节奏。
(2)交叉步阶段起跳过高或动作缓慢，不积极。

**2. 改进措施**
(1)放慢预跑段的速度。
(2)原地或助跑做第三、第四步徒手练习，注意节奏。

## 五、最后用力时的用力顺序不合理，出现"拉枪"的现象

**1. 产生原因**
（1）手臂过于用力，没有鞭打意识。
（2）左腿落地位置偏左，造成身体中心不稳。

**2. 改进措施**
（1）反复练习最后用力姿势，多做模仿练习，如原地或上步掷垒球、打竹条和徒手练习。
（2）教师应反复强调最后用力顺序要领，自下而上的发力顺序。

## 第六节　掷标枪比赛赏析

**1. 最佳观看位置**

掷标枪项目带给观众的是视觉上的冲击力，观众应位于侧面进行观看，那样不仅可以欣赏到标枪在空中"滑行"时的流线型弧线，还可以观察到运动员流畅且精湛的完整技术与器械出手瞬间时富有感染力的精彩表现。

**2. 欣赏标枪项目之美**

欣赏掷标枪项目的最大看点就是观看运动员在快速助跑或高速运动中技术的完美转换和衔接，最后用力阶段时产生瞬间的力量爆发之美和器械飞行之美。

**3. 观众与运动员的互动**

有序且良好的互动会增加观看效果，同时可能激发运动员的兴奋性，提高运动成绩。观看比赛时应做到以下几点：

（1）运动员出场时，观众应该给予鼓励和热烈的掌声。
（2）当运动员试投前主动和观众互动时，观众要积极配合，给运动员信心，活跃比赛气氛。
（3）当运动员进入投掷区域准备投掷时，观众应根据比赛现场情况报以热烈的掌声和欢呼声，以表示对运动员的喜爱和支持。
（4）当运动员开始投掷时，观众应该保持安静，不要在看台上随意走动。
（5）运动员创造优异成绩时，观众应报以热烈掌声和欢呼声。运动员成绩一般时也应报以适当的掌声给予鼓励。

# 一般项目篇

# 第十二章
# 一般项目

## 第一节 接力跑

接力跑是田径运动项目当中唯一一项集体项目，该项目以接力棒为传接工具，以队为单位，人数固定，一般每队4人。接力跑运动员必须持棒跑完各自规定的距离，并且必须在接力区内完成传接棒。奥运会比赛中有2个短距离的接力项目：4×100m接力、4×400m接力。

### 一、接力跑项目的发展概况

关于接力跑的起源，有人认为，接力跑是起源于古代奥运会祭祀仪式中的火炬传递，有人认为接力跑是与非洲盛行的"搬运木料"或"搬运水坛"游戏有关，还有人认为接力跑是从传递信件文书的邮驿演变而来的。

接力跑作为现代奥运会的比赛项目，男子4×400m接力跑在1908年第4届奥运会首次设立，在1912年第5届奥运会还增加了男子4×100m接力，女子4×100m接力、4×400m接力是在1928年和1972年分别列为奥运会的比赛项目。接力跑作为一种正式的田径比赛项目，在历史上曾出现了：男子4×100m接力、4×400m接力以及女子4×100m接力、4×400m接力。另外，也有些赛事根据具体情况设有男子4×50m接力、4×200m接力、4×800m接力、4×1500m接力、4×880码接力、4×1英里接力、男女混合接力、异程接力等比赛。接力跑项目包括场地接力跑和公路接力跑。1962年以后，国际田联规定，各参赛队在各自指定的跑道内跑进，接棒人在20m接力区的始端向后延长10m作为预跑区，接棒的队员可以在10m的预跑区内任意一处开始预跑。但是传棒、接棒仍然必须要在20m接力区内完成。运动员在接棒之前和传棒之后，应留在各自分道或接力区内，以免因影响他人而被取消比赛资格。任何队员掉棒，必须在不影响他人的情况下越出本跑道，并由本人拾回接力棒。2017年，国际田联对接力规则做了调整。现在，带"预跑加速区"的规则已成过去时。根据最新的规则：4×100m接力的接力区改为30m，接力区的起点距离中心线是20m，中心线往前进方向延伸10m。

目前，接力跑男子4×100m的世界纪录是在2012年伦敦运会上以博尔特为代表的牙买加队创造的 36 秒 84，女子 4×100m 的世界纪录是在 2012 年伦敦奥运会上美国队创造的 40 秒 82。男子 4×400m 接力跑的世界纪录为 2 分 54 秒 20，女子 4×400m 接力跑的世界纪录为 3 分 15 秒 17。

现在在正式田径比赛中，接力跑的比赛项目只有男子 4×100m 接力和女子 4×100m 接力、男子 4×400m 接力和女子 4×400m 接力。另外，接力跑作为学校的一种体育比赛项目，可以根据学生的年龄特点，选择一些比较适合学生生理、心理发展特点的趣味接力，比如：人数不同、性别不同、距离不同的往返接力、迎面接力和圆周接力等。在我国中小学还设定了一些趣味接力游戏项目，比如：往返接力、迎面接力和圆周接力等。

## 二、接力跑的基本技术

接力跑技术由短跑技术和传、接棒技术两部分组成。接力跑成绩取决于各棒次队员跑的速度、传接棒技术和传接棒时机。

### （一）起跑技术

接力跑中，跑的技术与短跑的途中跑技术相同。

**1. 第 1 棒的起跑技术**

第 1 棒队员采用蹲踞式起跑。一般持棒方法是用右手的中指、无名指和小指握住接力棒的末端，拇指和食指分开撑地（图 12-1）。

**2. 第 2、3、4 棒的起跑技术**

第 2、3、4 棒的起跑技术采用站立式或半蹲式起跑。第 2、4 棒队员站在各自分道外侧，右腿在前，左腿在后，两腿成半蹲，头左转。第 3 棒队员则站在各自分道内侧，左腿在前，右腿在后，两腿成半蹲，头右转。

图 12-1　起跑技术的持棒方法

接棒队员的起跑姿势是否正确，不仅要看是否有利于快速起跑和加速跑，还要看是否能清楚地看到逐步跑近的传棒队员并作出起动的准确判断。

### （二）传、接棒技术

传递接力棒时，一般采用不看棒的方式，其传、接棒技术方式主要有以下两种："上挑式"和"下压式"。

**1. 上挑式技术**

接棒运动员听到传棒运动员的接棒信号后（如：接），迅速将接棒手臂自然向后伸出，与躯干的夹角为 40°～45°，掌心朝后，虎口张开向下，四指并拢和大拇指分开，传棒队员将接力棒的中部或前部从后下方向前上方"挑"入接棒队员手中（图 12-2）。当接棒队员接住接力棒后，传棒队员应马上松开接力棒，以保证交、接棒的顺畅衔接。

这种"上挑式"传、接棒法的优点在于：传棒队员的传棒自然顺畅、容易掌握且传棒速度较快；接棒队员手臂自然向后伸，动作放松省力。缺点主要是接棒队员接住接力棒的中部，不利于下一棒的传、接棒环节的完成。

**2. 下压式技术**

接棒运动员听到传棒运动员的接棒信号后（如：接），迅速将接棒手臂自然向后伸出，与躯干的夹角为 50°～60°，掌心朝上，虎口张开向后，大拇指向内，四指并拢和大拇指分开,传棒队员将接力棒的前端从上向下把接力棒"压"入接棒队员的手中(图12-3)。当接棒队员接住接力棒后,传棒队员应马上松开接力棒,以保证交、接棒的顺畅衔接。

图12-2　上挑式技术

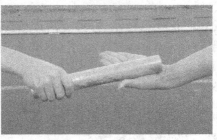
图12-3　下压式技术

这种"下压式"传、接棒法的优点在于:利用接力棒的长度及接棒运动员的手臂长度来握住接力棒的前端。缺点是接棒法使接棒队员的手臂比较紧张,而传棒队员的手臂也不能放松自然,比较容易影响交、接棒的速度。

### (三)影响传、接棒技术的因素

#### 1. 4×100m 接力跑技术

4×100m 接力跑中,参赛队在各自分道的接力区中完成传、接棒。4×100m 接力跑中相邻两名运动员要在高速跑中顺畅的完成交、接棒。通常采用不看棒方式(或叫盲视法)交接棒,接棒队员不用转身或回头看接棒。4×100m 接力跑有3个接力区,接棒队员必须在30m接力区内完成交、接的全过程;仅以接力棒的位置判定是否在接力区内完成接力。

(1)传、接棒的时机。传、接棒的时机是指在规则规定内,所有的接力比赛中,都必须在规定的接力区内完成传、接棒的全过程。在4×100m 接力跑比赛中,传、接棒的最佳时机要求传、接棒队员双方都要在能够达到相对稳定的较高速度地跑进中完成交接棒的过程。一般将最佳时机设在离接力区前沿的3～5m处,传棒队员跑的速度还未下降,接棒队员跑的速度已经逐渐上升,每队的传棒队员在完成传棒后,不得影响其他队的运动员比赛,逐渐减速并留在本队的分道内,在其他道次队员跑出后才能离开本队的分道。

(2)传、接棒瞬间的获益距离。传、接棒队员在传、接棒瞬间的获益距离是指传、接棒队员双方在保持相对稳定高速的情况下,将手臂充分伸直,顺利完成传、接棒动作瞬间的身体重心移动水平距离,这一距离受传、接棒队员的臂长、身高、速度以及传、接棒的熟练程度影响。一般来说,传、接棒时的获益距离是1.5～2m,传棒队员立即发出约定口令(如:接),接棒人则立即伸出手臂接棒。

(3)接棒队员起动标志线的确定。该标志的作用是当传棒队员跑到该标志时,发出约定口令,接棒队员开始起跑。该标志线的确定是由传、接棒队员的跑动速度和传、接棒的默契熟练程度等因素决定。

#### 2. 4×100m 接力跑的战术

4×100m 接力跑的战术主要在各运动员在棒次的安排上,根据各棒次的特点和实际距离,第一棒持棒跑近110m,因此,主要选择起跑技术比较好而且擅长跑弯道的运动员来完成;第二棒持棒跑约130m,主要选择传接棒顺畅而且耐力好的运动员来完成;第三棒持棒跑约130m,主要选择传接棒顺畅而且耐力好、善于跑弯道的运动员来完成;第四棒持棒跑约120m,主要选择短跑成绩最好、冲刺能力最强,而且竞争意识强、团队意识强、勇于拼搏的队员。但从短跑实力的角度来看,安排运动员的棒次顺序一般是:2-3-4-1。

### 3. 4×400m 接力跑技术

4×400m 接力跑有三个弯道的分道跑，第1棒和第2棒的第一个弯道分道跑，第2棒运动员要跑至抢道线后方可自由抢道，其他是不分道跑。第1棒的传、接棒必须在指定的跑道内进行，其他各棒的传、接棒是由裁判员根据第2和第3棒运动员通过200m起点处的先后，按次序让其第3和第4棒队员在接力区内，由内至外排列等候接棒。

4×400m 接力跑是在速度相对较慢的情况下进行传、接棒的，传、接棒技术相对简单。传棒队员跑入接力区时，速度已经明显下降，接棒队员要在慢加速的跑动中目视传棒队员，顺其跑速主动接棒，然后快速跑出。4×400m 接力跑的第一棒运动员采用蹲踞式起跑，起跑技术与 4×100m 接力起跑相同。第二、三、四棒运动员采用站立式起跑，一般站在接力区后延的前面，目视传棒队员，以观察队员的速度，如果传棒队员速度保持较好，则接棒队员可以早一些起跑；如果传棒队员速度较慢且筋疲力尽，则应晚些起跑和加速并主动接棒，力求早些完成传、接棒过程。

### 4. 4×400m 接力跑战术

4×400m 接力跑的队员棒次安排要求：第一棒队员要求技术良好，有较强的实力和较好的冲刺能力，尽量超出对手，获得优势，以便第二、三棒队员能力的充分发挥，从而鼓舞全队士气；最后一棒队员要有较好的战术意识和速度控制能力，是全队实力最强的队员。按运动员实力及竞技状态排序，安排运动员的棒次顺序一般为 2-3-4-1。

## 三、接力跑的教学步骤与方法

### （一）接力跑的教学步骤

（1）介绍接力跑项目发展史、接力跑技术要素及接力区场地。
（2）介绍和示范起跑及传、接棒技术。
（3）4×100m 接力、4×400m 接力专项技术练习。

### （二）接力跑的练习方法、手段

#### 1. 专项技术训练

不论是初级还是高级的传、接棒的技术，都可以采用以下练习进行教学：原地摆臂交接棒练习—短距离慢速交接棒练习—中距离快速交接棒练习—利用接力区完成交接棒——教学比赛。

#### 2. 一般练习手段

（1）手持接力棒的折返接力

练习目的：发展速度素质和提高折返接力技术水平，培养队员之间的协作精神。

练习方法：把游戏成员分成两队，队里成员按照棒次进行站队，每位队员从起跑线开始起跑，跑到最后一个旗杆再折回到起跑线后，把接力棒传给下一个队友，自己站在队尾，根据该方法依次折返跑，每位队员只跑一次，最先跑完的队伍获胜。

（2）行进间接力追赶

练习目的：提高学生的速度素质，提高接力跑的速度和技术。

练习方法：学生每组2名同学，一名同学在起跑线后用站立式的起跑姿势进行起跑，另一名同学在50m 标志线后边用接力跑的姿势准备好，当看到本道次的队员跑到距离自己10m 处的标志线时，迅速向前跑出，后边队员努力追赶，在终点线之前追拍上对方的同学获得1分，没有追拍上则对方得1分。两名同学相互交换角色6次后，得分高的同学获胜（图12-4）。

图 12-4 行进间接力追赶

（3）扶竿赛跑

练习目的：发展学生快速跑的能力，提高队员之间的配合能力。

练习方法：先将所有同学分为人数均等的几组，每组先指定一名同学到折返处扶竿站立。当听到命令后，比赛开始。各组第一个队员到达折返处，接替扶杆队员，扶杆队员则迅速返回本队，并与下一名队员击掌后排到队尾。全队依次进行，最先跑完的队获胜。

## 四、接力跑常见问题、产生原因及纠正方法

（1）传棒队员跟不上接棒队员

产生原因：接棒队员由于紧张，过早起跑或过早加速，起跑标志线离接力区太远；传棒队员传棒时过早减速。

纠正方法：起跑标志线与接力区的距离要根据传、接棒队员的速度以及接棒队员起跑时的启动速度适当缩短；接棒队员学会放松，了解传棒队员的速度，准确判断起跑时机；加强传棒队员的耐力训练。

（2）传棒队员超过接棒队员

产生原因：接棒队员起跑太晚，加速太慢，低估了传棒队员的速度，起跑标志线离接力区太近。

纠正方法：接棒队员全神贯注，反应灵敏，快速起跑；延长标志线与接力区的距离。

（3）接棒队员接棒时回头看，影响起跑速度

产生原因：接棒队员对自己或者传棒队员不放心，担心接棒时掉棒或接不到棒；不能准确判断接棒时机。

纠正方法：接棒队员应该对自己和传棒队员有信心，对接棒时机做到心中有数。

（4）接棒队员提前向后伸手臂接棒

产生原因：接棒队员担心接不着棒，不能准确判断接棒时机。

纠正方法：传、接棒队员加强行进间接棒练习，接棒队员要熟悉传棒队员给的接棒口号，并不断磨合，使彼此更有默契。

（5）传棒队员伸手臂送棒太早

产生原因：传棒队员太紧张，不能够很好的把握传棒时机。

纠正方法：传、接棒队员多做交接棒练习，确定交接棒的地点，让传棒队员在练习中保持正确的动作。

（6）掉棒

产生原因：传、接棒队员都太紧张，传棒队员在接棒队员还没准备好时就交棒了；手持接力棒的位置不对。

纠正方法：队员之间加强在快速跑中传、接棒的练习，传棒队员一定要握紧接力棒，直到安全传入接棒队员手中为止。

（7）传棒队员或接棒队员没有在计划跑道的一侧跑进

产生原因：没有形成各个棒次在内侧、外侧的习惯。

纠正方法：教练员要讲解和示范正确的传、接棒技术和跑动路线，运动员形成正确概念后反复练习传、接棒技术；一般第2、4棒队员站在各自分道外侧，第3棒队员则站在各自分道内侧。

（8）传棒队员或接棒队员没有按计划的手传棒或接棒

产生原因：没有形成各个棒次左手或右手传、接棒的习惯。

纠正方法：运动员形成正确概念后反复练习传、接棒技术，一般第1、3棒队员右手传、接棒；第2、4棒队员左手传、接棒。

## 五、接力跑比赛赏析

### 1. 接力跑的欣赏要点

接力赛一般安排在田径比赛的最后，具有很强的观赏性。接力跑比赛中传、接棒时精湛的技艺，以及每一名参赛队员都为集体荣誉而竭尽全力所展现出来的队员之间高度的默契，还有比赛中队与队之间激烈竞争的场面和比赛后结果的变化无常带来的戏剧性，都使接力跑成为田径运动中最令人兴奋、最具有观赏性的项目之一。

### 2. 接力跑的观赛礼仪

（1）观摩接力跑比赛时，应提前进入场内并入座，既尊重运动员，也不影响他人观看比赛。

（2）颁奖升旗奏歌时，应肃静起立，不要谈笑或做其他事情，以示尊重。

（3）接力跑运动员出场时，观众应该给予热烈的掌声。

（4）接力跑比赛时，当第一棒运动员站在起跑线后，宣告员开始介绍每位运动员时，观众应给运动员们报以热烈的掌声和欢呼声，活跃比赛气氛。当裁判员发出"各就位"口令后，赛场上要保持安静，观众应该在心里默默地为运动员们加油，以免影响运动员比赛。当发令枪响后，观众就可以释放出自己的活力和激情为运动员们呐喊助威了。

（5）比赛结束后，观众要用掌声和欢呼声为其喝彩。

（6）赛场内自觉维护环境，禁止吸烟，手机要设置为静音或振动状态。

## 第二节　中长跑

## 一、中长跑运动的发展概况

### （一）中长跑运动的发展史

#### 1. 国外

英国在1836年以前就开始有关于该项目的比赛。1896年，在雅典举行的第一届奥运会上，男子800m和1500m跑被列入正式比赛项目。20世纪70年代后，国际田径联合会才正式把女子中长跑项目列为奥运会项目。

而男子5000m和10 000m，在1912年第5届斯德哥尔摩奥运会才被列为正式田径比赛项目。如今，现男子5000m世界纪录为12分37秒35，由埃塞俄比亚运动名将贝克勒在2004年5月31日创造保持至今。男子10 000m世界纪录为26分17秒53，同样由埃塞俄比亚运动员贝克勒在2005年8月26日创造。

第23届奥运会（1984）女子3000m项目才被列为田径比赛中，现女子5000m世界纪录由埃塞俄比亚运动员德法尔2006年6月31日创造，成绩为14分24秒53。而女子10 000m世界纪录成绩为29分31秒78，是由中国运动员王军霞1993年9月8日创造的。

#### 2. 国内

1840年鸦片战争以后，中长跑项目传入我国。1910年旧中国时期，第一届全国运动会设立了男子800m跑项目。到1948年，第7届全国运动会，中长跑项目仅有男子800m、1500m和10 000m三个项目。

1949年新中国成立后，我国中长跑项目的发展速度较快。20世纪五六十年代期间通过借鉴、吸收大量其他国家有关于中长跑的训练经验，并结合我国运动员的实际条件，进行系统训练，中长跑长跑运动水平有较大幅度的提高。

目前我国长跑男子5000m全国纪录是夏风远于1997年创造的13分25秒14，至今已保持20年。而男子10 000m全国纪录是28分10秒08，由董江民于1995年创造。

我国女子长跑5000m全国纪录成绩为14分28秒09，由姜波在1997年创造。10 000m全国纪录为29分31秒78，由王军霞在1993年创造。

### （二）中长跑的竞赛规则

中长跑项目可以分为两个部分，一是中距离跑，二是长距离跑。以奥运会为例，中距离跑的项目分为男、女800m和1500m，而长距离跑项目男子项目为5000m和10 000m，女子项目为3000m和5000m。

中距离跑800m，为分道跑开始起跑，每名运动员按要求在各道次800m的起跑线依次准备好。参赛运动员一般采用单臂支撑的半蹲式起跑方法或站立式起跑技术，当运动员跑过可以串道的分离线或标志桶时，才能离开自己的跑道，并拢到第一跑道，直至比赛结束。

1500m以上的项目是采用不分道次起跑，运动员一般为站立式起跑。

其中，中长跑项目裁判口令为："各就位"——鸣枪。

## 二、中长跑技术

### （一）中长跑技术特点

中长跑在径赛项目中其项目技术特点大致相同，由于距离不同其战术、动作幅度、训练方法也是有不同程度区别。但对各项目的一般要求是：身体重心尽量平稳、动作质量高要有经济性、动作自然轻松、保持良好的动作节奏。大步幅、高步频、积极地伸髋和迅速有力的摆动，是现今中长跑项目的技术特点。

### （二）中长跑技术要点

#### 1. 呼吸

（1）利用口鼻同时呼吸，来提高身体在跑步过程中对氧气的需求。

（2）中长跑呼吸要与跑的节奏相互配合，才能达到事半功倍的效果，例如：两步一呼两步一吸；三步一呼三步一吸。

（3）避免在跑的过程中闭气。

#### 2. 起跑

（1）中长跑项目一般采用半蹲式起跑或站立式起跑技术。

（2）800m采用分道跑开始比赛，待运动员跑到并道标志线后在抢道进行后续比赛，直至比赛完成，800m 运动员一般采用半蹲式起跑方法，1500m 项目由于不分道进行比赛，所以一般采用站立式起跑。

**3. 加速跑**

（1）起跑后加速跑过程中，两腿快速蹬伸和积极主动摆动，双臂同时协调有力的配合双腿的摆动，短时间内达到既定速度，加速跑应按照项目特点、制订的战术以及自己的能力去适时而定，一般加速跑的距离稍长。

（2）不管是在直道或是弯道上进行起跑，都应该按照切线的方向跑进，并在竞赛规则允许范围内，抢占有利于自己的战术位置，然后按照既定速度有节奏的进入途中跑。

**4. 途中跑**

途中跑过程中，上体应保持正直或稍有前倾的姿势，颈肩部肌肉自然放松，两眼平视，两手半握拳，两臂弯曲，两肩自然放松，双臂以肩为轴前后自然摆动。摆动幅度随跑速的变化而适当变化。

**5. 冲刺跑**

（1）成绩较好的运动员一般在最后一圈或进入最后一个直道时，突然加速跑。

（2）冲刺时摆臂幅度尽量大、双腿积极蹬伸，加快步频和增加躯干的前倾角度。

（3）进入冲刺距离之前，必须积极抢占有利于自己的冲刺位置，观察其他对手的情况，在适当时机开始冲刺。

（4）开始冲刺后，一定要果断坚决，全力冲过终点线。

## 三、中长跑的教学方法与手段

### （一）中长跑技术教学步骤

**1. 使学生了解中长跑技术的知识**

通过理论课的讲解，让学生了解到中长跑的发展史、项目分类、国内外纪录，在展示优秀运动员的视频及图片，让学生初步建立技术概念，为实践课做准备。

**2. 学习中长跑站立式起跑及起跑后的加速跑**

（1）结合示范教学，讲解动作要领，将学生正确建立站立式起跑及加速跑的技术概念。

（2）以组为单位，口令为"各就位"，听到口令后学生在起点线做站立式起跑姿势练习，听到跑后学生跑出 3～5m。要求两脚前后站立，前脚微屈膝，身体保持稳定，上下肢协调配合。

（3）结合起跑技术练习加速跑技术。以组为单位站在起跑线位置，以口令、口哨等形式法令起跑，要求起跑后加速 30～50m，要求双腿积极蹬伸，双臂积极摆动。

（4）反复练习起跑与加速跑的技术同时，老师同样要讲解抢道及抢占位置及注意事项。

**3. 学习中长跑的途中跑**

（1）通过视频及讲解教学：让学生了解中途跑的方法、要求、要领等。注意上下肢的协调配合，动作自然、放松、呼吸有节奏。

（2）中速匀速跑：200～400m，体会摆臂与蹬伸动作，要求动作要领正确，自然放松。

（3）快、慢交替跑：直道快速跑，弯道慢跑调整放松，要求快慢交替时自然，提高肌肉的放松与紧张能力。

**4. 学习中长跑的冲刺跑**

（1）通过视频与讲解，让学生了解到冲刺跑的重要性与方法要领。

(2)进行训练前、后100~200m的加速跑练习,体会全力下的加速冲刺跑。让学生体会对比,合理安排自己最后冲刺跑的体力。

(3)提高学生最后冲刺跑的意识,无论比赛时前面有没有对手,超越自己。

### 5. 掌握和改进中长跑完整技术

(1)讲解全程跑的一整套要求方法。

(2)按水平高低进行分组,通过不同距离200m、400m或600m速度重复跑,在最后适当距离加速冲刺。

(3)全程跑:进行比赛并进行技术评估。男生:1500m,女生800m。

## (二)途中跑技术教学手段

途中跑作为中长跑技术教学的重点,主要强调各个部位的协调配合,中长跑因场地要求特殊性不高,器械要求及装备要求较低,可以在不同环境路面上进行。

### 1. 间歇跑

在一组练习后,严格控制间歇时间,在机体尚未恢复的情况下,开始进行下一次训练的方法。

目的:发展专项素质耐力、速度耐力。

要求:根据个人特点,严格控制负荷强度,练习和间歇要保持心率再正常范围内,根据比赛训练要求合理使用不同间歇方法。

注意事项:准备充分,防止各关节韧带损伤,严格要求跑的质量和时间,控制好间歇时间,随着能力的提高,间歇时间随之减少,逐步提高运动员能力。

### 2. 持续跑

速度相对稳定,强度小,持续时间长。

目的:发展一般耐力,专项耐力。

要求:保持相对稳定的速度,呼吸节奏均匀。

注意事项:根据训练的目的要求,及运动员水平制订计划。

### 3. 法特莱克

利用地形、地貌或认为设置加速与减速段落来发展耐力素质的方法。

目的:发展多种素质能力和一般耐力。

要求:练习内容应尽可能发展多种耐力,练习时间在1~2小时,练习应尽量体现耐力项目特点。

注意事项:依据场地环境设定训练内容和训练路线,比赛期间一般不安排这种训练,注意训练期间运动员补水。

### 4. 趣味性跑

(1)间歇接力跑:

目的:发展起跑及加速跑能力以及冲刺能力。

要求:每组5~8名运动员(可以依照人员的数量及男女比例合理安排),两组进行对决,距离大约50~70m,依次轮换接力,其中有一组人员轮换完毕比赛结束。

注意事项:严格按照技术要领准备,防止因急促起跑动作变形或没有按照要求进行。

(2)追逐领跑:

目的:发展速度耐力,跑的节奏能力。

要求:先按照水平高低分组,每组一路纵队,在跑的过程中排在队尾的运动员加速跑到队前进行领跑，然后依次进行。

注意事项：队形整齐，前后间距均匀，每位领跑者不能故意提速。

## 四、中长跑的教学与训练方法与手段

在训练中要有严格的训练计划去安排各个环节的步骤，要始终按照正确的中长跑技术严格要求运动员执行，不能任其自由发挥，否则技术动作自动化后，再想要纠正要比学习新的技术动作更加困难。

### 1. 着地缓冲技术的训练手段

（1）由前脚掌过渡到脚尖，由脚跟滚动过渡到脚尖的慢步走，然后接快步走练习 30～40m。

（2）小步跑接前脚掌滚动的加速跑练习 30～40m。

（3）脚跟着地滚动到前脚掌的快步走接着相同着地方式的加速跑练习 30～60m。

（4）小幅度车轮跑接快速下压的加速跑练习 30～60m。

（5）用前脚掌着地缓冲滚动至脚尖和用脚跟着地缓冲滚动至脚尖的加速跑 60～150m。

### 2. 蹬伸技术的训练手段

（1）手扶栏杆做单腿支撑由上而下的蹬伸练习。

（2）低重心弓箭步跨步走 30～60m。

（3）低重心的后蹬跑练习 30～60m。

（4）后蹬跑 30～60m，接加速跑 60～100m 练习。

（5）用单足跳接跨步跳然后接加速跑练习 60～100m。

（6）在完整的跑进过程中，进行迅速有力的蹬伸练习 60～150m，并逐渐加大练习的距离。

### 3. 折叠前摆技术的训练手段

（1）单腿支撑，后腿连续做折叠前摆练习（手扶栏杆）。

（2）由中速转入快速折叠跑 30～60m。

（3）快速折叠跑转入折叠高抬腿跑 30～60m。

（4）折叠高抬腿跑接折叠加速跑 60～100m。

### 4. 改进和提高蹬伸效果的训练手段

（1）在草地上或沙地上做弹性跑 200～400m。

（2）负轻杠铃或沙枕做低重心弓箭步跨步走 40～60m。

（3）徒手或负轻杠铃或沙枕做台阶换腿跳 20～40 次。

（4）跨步跳或后蹬跑 200～400m。

（5）上坡跑 200～1000m。

（6）小步跑、高抬腿跑等跑的专门练习。

### 5. 改进和提高摆腿效果的训练手段

（1）行进间快速折叠高抬腿跑 60～200m。

（2）大小腿折叠、在膝上负重物，连续抛重物练习 20～40 次。

（3）手扶栏杆连续做蹬摆向前跨步练习 20～60 次。

（4）牵拉胶皮带做原地高抬腿 60～200 次。

（5）牵拉胶皮带做匀速或快速高抬腿跑 60～100m。

## 五、教学中学生易出现的错误动作、产生原因及应对措施

### 1. 跑步时，重心起伏过大
产生原因：主要是核心力量差，力量耐力差。
解决办法：教练员讲解正确的身体重心起伏的要求，强化核心力量训练。

### 2. 后蹬不充分，前摆腿抬不高，形成坐着跑的姿势
产生原因：髋关节、踝关节灵活性、柔韧性差，上体后仰，跑的技术概念不明确。
解决办法：加强跑技术的示范和讲解，加强关节的灵活性、柔韧性的练习。

### 3. 脚落地重，没有弹性
产生原因：技术不明确，脚落地时不积极，过于向前移动，脚扒地动作不明显。
解决办法：强化技术练习，进行视频录制进行对比，让运动员深有体会。

### 4. 呼吸混乱，与跑的节奏不相符
产生原因：呼吸的方法要领不明确，心里紧张造成肌肉紧张，身体疲劳，跑速过快
解决办法：循序渐进加快速度，心态放松，多做各种协调练习，要求降低跑的速度。

### 5. 摆臂力量差，成为跑的累赘
产生原因：肩关节的力量差，摆臂的频率与两腿的频率脱节。
解决办法：加强肩关节的力量训练：引体向上，原地手持哑铃摆臂练习，橡皮筋阻力摆臂练习。

### 6. 跑步过程中的八字脚
产生原因：技术概念不明确，习惯形成。
解决办法：明确平时走路时的脚尖向前的技术动作，沿直线走或跑，下意识的纠正外八字。

## 第三节 三级跳远

### 一、三级跳远运动的发展概况

三级跳远起源于 18 世纪中叶的苏格兰和爱尔兰，由"多级跳"演变而来，是一项历史悠久的竞技运动。男子三级跳远于 1896 年被列为首届奥运会比赛项目，女子三级跳远于 20 世纪 80 年代初逐渐广泛开展，1992 年被列为奥运会比赛项目。

目前男子三级跳远世界纪录保持者是英国的乔纳森·爱德华兹，他在 1995 年第 5 届世界田径锦标赛上以 18.29m 的优异成绩打破了世界纪录。现在女子三级跳远世界纪录 15.50m 是由乌克兰人伊纳萨·克拉维茨保持的。我国运动员李延熙在第十一届全国运动会上取得了 17.59m 的好成绩，打破了邹振先保持 28 年之久的 17.34m 的男子三级跳远全国纪录。我国女子运动员在这个项目上有着较好的运动水平，并曾经创造过世界纪录，现在的国家纪录是 14.66m。

三级跳远是在助跑后沿直线连续进行 3 次跳跃，即由单脚跳、跨步跳和跳跃组成的田径跳跃类运动项目，要求运动员必须具备良好的速度、力量、弹跳、协调和柔韧等身体素质，还要有体重轻、跟腱细长、足跟高、身材均匀的体型。由最初的自由式跳法，逐渐发展到高跳型和平跳型技术，之后向速度—平跳型发展，以速度为核心，突出一个"快"字，即"助跑快、三跳节奏快"，强调在力量练习和跳跃练习中的快速用力，同时均衡发展两腿的跳跃

能力，尤其是"弱腿"的跳跃能力。

## 二、三级跳远的基本技术

三级跳远的技术由助跑、单脚跳、跨步跳和跳跃四个部分组成（图12-5以右脚为例）。

图12-5　三级跳远技术动作

### （一）助跑

助跑是运动员起动后经过一段距离的奔跑踏上起跳板的过程。助跑的目的是为了获得较高水平速度，为准备起跳创造条件。助跑的起动方式可以从静止状态或行进状态开始，前者一般采用"半蹲式"和"站立式"开始助跑；后者一般采用走几步或跑几步或垫步等方式起动。无论采用哪种助跑方式，都应该轻松自然、准确、有节奏，在助跑的最后阶段达到最高速度。助跑距离一般以30～50m为宜，助跑步数为18～22步。

### （二）三个跳步

#### 1. 第一跳（单足跳）

起跳时，上体适度前倾，起跳腿（起跳腿是指做跨、跳动作时，向地面踏蹬的腿。多是较有力的腿当起跳腿，相对力量小的腿当成摆动腿）全脚掌快速有力的踏板，两臂上摆，身体迅速前移，在空中做交换腿动作，然后起跳腿全脚掌落地并做缓冲。要点是尽量保持水平速度，身体重心轨迹长而平。

#### 2. 第二跳（跨步跳）

起跳腿用力蹬伸，摆动腿和双臂有力的向前上方摆动，在空中成腾空步姿势，上体稍前倾，落地之前有一个顺势高抬摆动腿，做扒地式落地动作。

#### 3. 第三跳（跳跃）

第三跳是以第二跳的摆动腿做起跳腿，起跳腿着地后应积极缓冲，然后迅速有力的蹬直离地，同时摆动腿和两臂积极向前上方摆动。第三跳的空中和落地动作与跳远时一样，可以选择蹲踞式、挺身式或走步式。

## 三、三级跳远技术教学

### （一）三级跳远技术教学步骤

#### 1. 介绍和初步学习三级跳远的技术

（1）利用技术图片、录像、课件介绍三级跳远技术和发展概况。

(2)教师示范和讲解三级跳远各跳的衔接、三跳节奏及完整技术。

**2. 学习第一跳及第一、二跳相结合的技术**

（1）原地及行进间的单足跳练习。

（2）跨步跳技术练习。

（3）行进间单足跳——跨步跳练习。

（4）4～6步助跑单足跳练习。

（5）4～6步单足跳——跨步跳练习。

（6）4～6步单足跳跳上棕垫接跨步跳落入沙坑。

（7）学习扒地技术：原地扒地、直腿扒地、垫步扒地。

（8）按预定标志（实心球、海绵块、橡皮筋）进行上述练习。

（9）摆臂练习及与下肢动作的配合练习。

**3. 学习第二跳、第三跳的结合技术**

（1）行进中的连续进行单足跳，跨步跳练习。

（2）4～6步助跑跨步跳，摆动腿着地起跳，两脚落入沙坑。

（3）短程助跑做第二和第三跳结合练习。

（4）短程助跑做跨过实心球第二和第三跳结合练习。

**4. 学习短程助跑三级跳远技术**

（1）短程助跑三级跳远。

（2）利用实心球、海绵块、橡皮筋等物进行辅助练习。

（3）利用助跳板，跳箱盖进行辅助练习。

**5. 学习全程助跑三级跳远技术**

（1）中程、全程助跑的单脚跳练习。

（2）8—10—12步助跑三级跳远练习。

（3）按三跳的比例进行助跑三级跳远练习。

## （二）教学注意事项

（1）三级跳远的教学可采用完整与分解相结合以完整为主的教学方法来完成，在分解教学时应注意各部分的内在联系，在完整教学时要改进提高部分技术的质量。

（2）技术讲解不易过细，开始练习不要过于追求动作细节，着重腿部动作，重视蹬摆结合。

（3）准备活动要充分，助跑道要平整，沙坑要松软，防止伤害事故。

（4）可采用画线、放标志物等方法，帮助掌握三跳的比例和节奏。

（5）注意培养学生的"攻板"意识，尽量减少起跳准备，控制好第一跳的高度，十分关注助跑及三跳的直线性、平稳性。

（6）应以技能为主，强调三跳的节奏为主，不能过多地强调远度。

## 四、三级跳远技术教学手段

**1. 发展绝对力量的锻炼方法**

（1）利用杠铃进行抓举、抓提、高翻、卧推、提铃至胸等练习发展腿部、腰背及上肢顺序协调用力的能力。

（2）负重深蹲、半蹲、摆腿、抬腿、两腿交换跳、原地连续跳练习发展腿部力量。

（3）平板支撑、仰卧起坐、仰卧举腿、俯卧背起发展腹背力量。

（4）提踵练习，发展小腿肌肉力量。
（5）利用弹力带发展腿部肌肉力量。
① 坐姿单腿上摆（图12-6）。

图12-6　坐姿单腿上摆

动作方法：双手撑地，双腿保持直立坐于地面，上体与髋部约60°，脚尖向上，弹力带环绕于双脚脚踝上方，弹力带呈绷紧状态，单腿直腿缓慢向上摆动，然后缓慢还原至开始姿势，双腿交替向上摆动。

练习目的：发展大小腿前侧肌群，提高肌肉力量。

② 牵拉蹬摆上抬。

动作方法：身体保持正直，双脚直立站立于地面，脚尖向前，两条弹力分别环绕于腹部和膝盖上方的位置，抬头收腹，微含胸。在运动员正前方摆放一个跳箱或者跳板，运动员高频率助跑踏在跳箱或者跳板上面，积极蹬伸摆腿，左右腿交替进行。

练习目的：发展腿部及髋部肌肉力量。

③ 单腿直立抬腿（图12-7）。

图12-7　单腿直立抬腿

动作方法：右腿直膝站立，左腿微抬起，弹力带绕过左腿膝盖上方，弹力带呈绷紧状态，抬头，微含胸，收紧腹部。左腿缓慢向上方抬起，双臂配合摆动，直至大腿与髋部呈90°，然后缓慢还原至开始姿势。

练习目的：发展大腿前侧肌群及髋部肌肉力量。

**2. 发展快速力量的锻炼方法**

（1）计时跳练习

动作方法：50m的跨步跳、单足跳、换腿跳、蛙跳，尽量加大步长缩短跳的次数。

练习目的：发展学生腿部的快速力量、髋关节的力量及连续跳跃能力。

（2）原地纵跳

动作方法：双脚并拢，原地起跳，双脚离地面10cm左右，然后落地。注意不要弯曲膝关节。

练习目的：发展学生的速度力量，提高腿部弹跳力。

(3) 原地双腿屈膝跳

动作方法：双脚并拢，原地起跳，屈膝收腹跳，然后落地。注意膝关节尽量靠近身体。动作重复 10 次，分三组进行，间歇 1min。

练习目的：发展学生的速度力量，提高脚踝爆发力。

(4) 立卧撑跳

动作方法：从站立姿势开始，快速做直臂俯卧撑跳跃，每组 10 个，做三组，间歇 3min。

练习目的：发展身体的速度力量及身体的灵敏性。

(5) 台阶练习

动作方法：双脚打开于肩宽，由下向上跳台阶，注意下肢发力时注意摆臂配合协同用力。跳的形式主要有双脚跳、双脚交替跳、单脚跳、双脚 90°转身跳。在进行跳跃练习时注意落地缓冲，保护膝关节。

练习目的：主要发展下肢的肌肉力量，提高空中的平衡能力。

(6) 栏架练习

动作方法：连续快速跳 5 个栏架，栏架高度与距离根据练习者情况而定。

练习目的：发展学生下肢爆发力和弹跳力。

(7) 跳深练习

动作方法：站在一定高度的台阶上，两腿开立，膝盖微屈，上身稍前倾，两臂后拉，然后从高处跳下后立即向上跳，争取最大的高度。

练习目的：发展学生下肢爆发力和弹跳力。

(8) 扶墙后蹬跑

动作方法：双手扶墙或肋木做快速后蹬跑练习，30～50 次一组，可重复练习。

练习目的：提高腿部的快速力量，同时增加步长。

3. 速度素质的锻炼方法

(1) 跑的基本练习

动作方法：在平坦的地面上，采用原地或行进间的小步跑、高抬腿跑、后蹬跑及车轮跑等跑的基本练习。另外，注意上下肢的协调配合。

练习目的：发展关节的灵活性及提高动作频率和幅度。

(2) 短距离冲刺跑

动作方法：运动员在走动中或从站立式开始积极加速，尽快达到最大速度，一般距离 40～50m。注意动作放松正确，避免跑动过长，导致动作变形。

练习目的：主要发展运动员的快速跑动能力。

(3) 加速跑

动作方法：运动员可通过从中等至次最大强度以稳定的节奏进行 80～100m 速跑。注意安排在运动员体力相对较好的时间进行，以保证训练效果。

练习目的：以改进跑的技术，提高动作的协调性。

(4) 间歇跑

动作方法：采用中等至次最大强度进行 100～150m 的间歇跑，间歇 2min 以上，注意保持高强度的练习。

练习目的：以提高肌肉无氧耐力。

(5) 助跑

动作方法：通过反复的全程助跑练习体会快速助跑的速度感与节奏感。

练习目的：改进助跑技术的节奏、准确性。

（6）跑台阶

动作方法：沿台阶向上跑动，持续 5min，可多次重复练习。

练习目的：提高腿部爆发力，增加步长。

（7）弹力带牵拉跑（图 12-8）。

图 12-8　弹力带牵拉跑

动作方法：弹力带环绕于腹部，呈绷紧状态，身体保持正直，抬头收腹，微含胸。运动员做快速向前行进跑，教练员在后面给予一定的阻力。注意行进跑时不要低头，要充分抬腿蹬伸。

练习目的：有利于改善跑的技术，发展躯干及下肢肌肉力量。

**4. 柔韧素质的锻炼方法示例**

（1）蝶式压腿

动作方法：坐姿，脚掌心相对靠拢，双膝向外打开，两手下压膝部或两臂前伸，注意臀部不要离开地面。

练习目的：拉伸和放松大腿内侧肌群，灵活髋关节。

（2）站立式体前屈

动作方法：双脚靠拢站立，弯腰向下，尽量使头、胸、腹与腿相贴，注意膝关节不要弯曲。

练习目的：拉伸和放松大腿后部及腰背肌群，发展下肢柔软性。

（3）小腿肌肉拉伸练习

动作方法：身体俯卧成倒"V"形，一条腿支撑，另一侧小腿放到支撑腿小腿上方，维持 10s 左右，交换退练习。

练习目的：放松小腿及肩膀，缓解疲劳。

（4）利用泡沫滚轴进行肌肉的牵拉练习

① 坐姿分腿前伸（图 12-9）。

图 12-9　坐姿分腿前伸

动作方法：双腿向两侧打开，手臂放在泡沫轴上滚动前伸，在大腿内侧有拉伸感的位置停留，注意不要弓背。

练习目的：放松大腿内侧肌肉群，缓解疲劳。

② 仰卧屈膝牵伸。

动作方法：仰卧，将泡沫轴放在臀部下方的位置。双腿屈膝踩地，左腿上抬，同时双臂环抱小腿，停留 10s 左右。

练习目的：拉伸臀部肌肉群，放松身体。

## 五、三级跳远技术教学中易犯错及其纠正方法

### （一）助跑步点不准

产生原因：每次助跑开始加速的方式不一样。每次助跑开始前几步的步长不固定。每次助跑的节奏不一致。场地、气候、身体状况和心理因素的影响。

纠正方法：固定每次开始时的加速方式，初学者最好选择逐渐加速。固定每次助跑开始前几步的步长，可以采取在助跑的前几步划标记的方法反复练习。每次助跑开始前几步的步长、加速的方式以及助跑中和助跑最后阶段的节奏都应该一致。注意提高身体在不同环境下的适应性，加强心理素质训练，提高跑的稳定性。

### （二）第一跳过大，腾空过高

产生原因：助跑最后一步时拉大步。起跳时小腿伸得过远，上体后仰。起跳时摆动腿和两臂的摆动动作向上。

纠正方法：助跑后几步的每步之间摆放标记，助跑练习时快速跑过起跳板。快速助跑中连续做起跳练习，起跳时上体正直，小腿不要前伸。反复进行助跑结合起跳的练习，在助跑的最后几步两臂积极前后摆动，在起跳时，两臂和摆动腿也要前后摆动。

### （三）第二跳跳不起来

产生原因：由于第一跳腾空过高或跳得过远，造成落地支撑腿"打软"。腿部力量不够，扒地落地技术不好。

纠正方法：按三跳的合理比例画标准线进行助跑与起跳结合练习，上步放脚动作要快，并要求有积极的"扒地"动作。加强腿部力量练习。

### （四）动作不平衡

产生原因：三跳的落点不在一条直线上，落地式脚掌不正。在摆动动作时向左右用力过大，从而造成身体过分扭转。在空中动作不协调，不放松。

纠正方法：沿直线进行三级跳远的练习，强调每次脚落地时要正对前方。练习分解技术，如短程助跑单脚跳、跨步跳、两单一跨等，注意上下肢动作的协调配合。用较短的助跑距离反复进行完整的三级跳远练习，体会放松的感觉。

# 介绍项目篇

# 第十三章
# 介绍项目

## 第一节 竞走

### 一、竞走运动的发展概况

#### （一）竞走运动的发展史

田径比赛项目中，竞走的技术要求最高，竞技能力最强，其协调优美的技术动作深受人们喜爱。竞走运动起源于英国，从19世纪前叶就开始走步比赛即徒步旅行。1867年，在英国举行了世界上第一次的正式的竞走比赛。三年之后，由英国人托马斯创造了世界上第一个20英里的竞走比赛记录，以2小时47分55s被计入史册。进入20世纪以后得到迅速发展，登上了国际体坛，并且有了严格的技术规则约束，被列为世界重大赛事的比赛项目。竞走比赛形式有通常以距离分类的3公里、5公里、10公里、15公里、20公里、25公里、35公里和50公里赛，也有以时间分类的1小时赛和2小时赛。目前奥运赛场上的竞走项目有男、女20公里竞走、男子50公里竞走。

在我国竞走历史上，我国优秀竞走运动员陈跃玲、王丽萍、陈定先后夺得1992年巴塞罗那、2000年悉尼和2012年伦敦奥运会金牌，是我国田径运动项目中夺取奥运会金牌最多的田径单项。2016里约奥运会田径男子20公里竞走决赛，中国选手王镇以1小时19分14s的成绩夺得金牌，蔡泽林获得银牌。女子20公里竞走决赛，中国选手刘虹以1小时28分35s的成绩夺得冠军，吕秀芝获得铜牌。

#### （二）竞走技术的发展

20世纪以前，竞走比赛采取徒步或任意走的方式进行，1906年规则对竞走的定义为："竞走是两脚与地面保持不间断接触的行进过程。"其技术特点表现为：骨盆以身体的矢状轴为主进行转动，支撑时间长，大步慢频，上体摇摆大。

由于屈膝问题严重，1920年国际田联针对当时的技术状况修改了竞走规则。对竞走的定义为："竞走是两脚与地面不间断接触向前行进的过程；运动员后脚必须是在前脚着地后才能离开地面，特别是在每步中，支撑腿膝关节必须有一瞬间伸直的过程"。直到20世纪

80年代，期间多次修改竞走规则，但没有本质上的改变，都一直不断地加强限制"腾空和屈膝"。

直至1996年，国际田联执行修改的新规则后，世界竞走运动的发展才驶入正轨。新竞走定义是这样描述的：竞走是运动员在地面连续行走的一个过程，这个过程没有肉眼可见的腾空现象；前腿在触地瞬间必须伸直（即不能屈膝）直至身体垂直面。

## 二、竞走技术

### （一）竞走技术动作结构特点

竞走是一个周期性耐力竞速运动项目，一个完整的周期复步是由左单步周期和右单步周期组成（图13-1）。

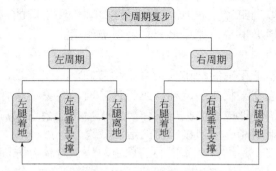

图13-1　一个复步时相划分

将竞走的一个完整的周期复步划分为6个运动瞬间，分别是左单步周期和右单步周期连续交替进行，左单步周期包括左腿着地、左腿垂直支撑和左腿离地，右单步周期包括右腿着地、右腿垂直支撑和右腿离地。完整周期复步的动作阶段可以划分为左腿支撑阶段、双支撑阶段、右腿支撑阶段以及双支撑阶段循环交替运动。也可将竞走技术可分为5个阶段：前摆、前摆着地（前支撑）、垂直支撑、后蹬（后支撑）、后摆。

规范的竞走技术：两臂前后有力摆动，前摆着地腿能伸直，足跟着地明显，后蹬充分有力，步幅开阔，重心平稳，与髋关节协同配合，形成良好的竞走步态（图13-2）。

图13-2　2016年里约奥运冠军王镇竞走技术

### （二）竞走的技术分析与要点

**1. 下肢技术（以左单步周期为例）**

（1）前支撑（着地、垂直）阶段：前支撑阶段是指从脚着地瞬间开始直到支撑腿垂直支撑为止。向前迈步时，前摆腿落地足跟着地，膝关节自然伸直，脚尖自然翘起，但不要刻意的勾脚尖，以免引起膝、踝关节及胫骨前肌不必要的紧张，脚跟着地后滚动到前脚掌，着地点距身体重心投影点约为35～40cm，着地角约为63°～70°。

(2) 后支撑（后蹬）阶段：后支撑阶段是指从支撑腿垂直支撑开始到脚趾末节蹬离地面瞬间为止。当膝关节摆过身体垂直支撑面之后，大腿积极前摆，脚踝放松，同时脚部贴近地面向前摆动，形成明显的以脚跟着地前摆技术。后蹬效果的好坏取决于蹬地的速度、力量、方向、角度以及髋、足两关节蹬伸的幅度，适宜的后蹬角度不仅能获得较大的水平速度，还能避免出现腾空犯规，同时还能保持身体重心的稳定性，防止身体重心左右偏移，以免削弱人体前行速度。

(3) 摆动时期：摆动时期分为前摆和后摆，脚趾末节蹬离地面后，小腿顺蹬地反作用力稍向上提起，同时摆动腿、髋部、臀部相关肌群合力收缩，使骨盆绕支撑腿一侧髋关节的垂直轴和矢状轴作向前和向下转动，并带动下肢屈膝前摆，摆至垂直部位时，摆动腿一侧，骨盆下降到最低点，形成骨盆额状轴向摆动腿一侧倾斜，此时，膝关节角度最小，约为97°。

摆过垂直面后，随着骨盆的转动和大腿的继续前摆，小腿继续向前摆出，脚掌低而接近地面，脚尖向上勾起，以脚跟领先着地。骨盆是连接躯干和下肢的枢纽，与两腿的支撑和摆动有着密切的关系，对增大步长，提高步频起着积极作用。

### 2. 躯干与摆臂技术

(1) 躯干。竞走时躯干正确的动作是正直或稍前倾，双眼平视，颈、肩部放松，两肩连线与髋关节连线横轴形成交叉状前后运动。躯干过分前倾容易造成骨盆的后缩，不利于绕垂直轴的转动以至减小步幅和形成跑的犯规动作。躯干后仰则会造成前支撑阶段时间的延长制动较大和后支撑阶段蹬地不能产生积极向前的运动效果。

(2) 摆臂技术。摆臂一是维持身体重心的稳定，协调身体各方面平衡用力，提高身体向前的推动力；二是可以更好地送髋和带动腿，增大步幅和步频；三是可以节省体能，提高走的速度和动作的效率性。正确的摆臂技术是两臂有力前后摆动，大小臂屈约90°，半握拳，前摆至下颚，臂屈略小于90°，前摆时支撑腿侧髋高于摆动腿（图13-3）。

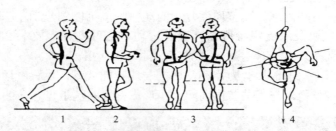

图 13-3　竞走上体与髋、肩关系

(3) 身体重心技术特点。

① 身体重心垂直位移的技术特征分析。身体重心运动作为竞走技术的中心环节，身体重心的运动轨迹一直是衡量竞走技术是否先进的重要指标，它受到了腾空时间的长短以及踝关节的屈伸程度的直接影响。新规则正式颁布以后，不断改进与完善竞走技术，由支撑腿脚掌蹬离地面的技术动作变为后支撑腿脚尖离地技术动作。竞走时，后支撑腿脚尖在离地瞬间，后蹬腿的膝关节保持伸直状态，髋、膝、踝关节依次充分蹬伸，身体重心向前上方做加速运动，踝关节充分打开，脚趾关节积极收缩用力扒地，身体受到后支撑腿作用于地面反作用力，身体重心沿斜上抛曲线运动达到最高点时，前摆的摆动腿不断加速使身体重心加快背离支撑点，进而推动身体加速向前运动。

运动员身体重心垂直位移量的大小，是裁判员判罚其腾空犯规的主要依据。根据资料统计结果显示，世界优秀竞走运动员在20km比赛中的身体重心垂直位移为3～5cm。身体重心垂直位移越大,即上下起伏越大,腾空时间越长,裁判员的眼睛越容易观察到腾空动作外形。

② 身体重心左右位移的技术特征分析。身体重心的左右变化对其的节奏、运动速度和各环节技术动作也是起着至关重要的作用。在竞走技术中,趾关节、踝关节、膝关节和髋关节的有序伸屈,使得竞走时脚着地近乎呈一直线。竞走运动员左右两脚落地点之间的距离缩小,能够提高身体重心前移的实效性与经济性,同时还有效地减少了身体重心上下移动,限制身体重心的左右变化幅度,对提高运动员步长和保持身体运动的稳定性有很大帮助。

## 三、竞走比赛赏析

### 1. 最佳观看位置

竞走项目分场地赛和公路赛,观众应选择在接近终点的位置,近景观看可以比较清楚地看到运动员的脸庞和侧面的动作姿态,同时可以看到运动员最后精彩的角逐。

### 2. 竞走的欣赏要点

欣赏竞走项目的最大看点就是观看运动员的完美的技术动作、耐力之美和速度节奏之美,竞走运动主要体现出人类的力量、速度、平衡、协调等素质美。

### 3. 观众与运动员的互动

在竞走比赛中,观众与运动员的良好互动,为运动员比赛提供了良好的气氛,有助于运动员更好的发挥,在观看比赛过程中,应尽量做到以下几点:

(1) 运动员出场时,观众应该给予鼓励和热烈的掌声。

(2) 在竞走比赛中,当裁判员发出"各就位"的口令时,观众应立刻保持安静,不再鼓掌呐喊。

(3) 一些实力不济的运动员有可能被前面的选手远远地抛在后面,甚至被套圈,观众也应把热烈的掌声送给他们。

(4) 观看比赛时,要服从现场工作人员的指挥,自觉在安全线外观看比赛。

(5) 运动员跑过身边时,严禁横穿比赛路线、严禁擅自给运动员递送物品、严禁翻越护栏等道路安全设施。

(6) 比赛结束时,获胜运动员为答谢观众一般会绕场一周,此时应鼓掌欢呼,对其精彩表现表示欣赏和鼓励。

# 第二节　3000m 障碍跑

## 一、障碍跑起源与发展

障碍跑起源于英国,早期猎人在追捕狐狸时要跨越荆棘丛生的地段和河沟,攀越悬崖陡壁和跳跃一些障碍物。后来引入游戏中发展为一项体育运动,19 世纪中叶英国人最早开始了障碍跑的比赛。

障碍跑是中距离跑和越过障碍技术相结合的运动项目,它要求运动员不但要具有中跑运动员的速度,不断提高速度耐力和专项耐力水平,掌握合理的节奏,而且还必须具备良好的协调性、柔韧性和关节灵活性,熟练掌握越过障碍栏架和水池的技术。早期障碍跑没有固定距离,随着障碍跑的发展,障碍跑比赛的增多,障碍跑在国际田联审定的田径规则中,将障碍跑定为 3000m 和 2000m 的两种障碍跑,3000m 障碍跑须越过 35 次障碍其中包括 7 次水池,2000m 障碍跑须越过 23 次障碍其中包括 5 次水池(第一圈设两个障碍架)。发展至今,障碍跑距离一般为3000m，现在提及障碍跑一般指3000m障碍跑。

## 二、障碍跑技术

3000m障碍跑的起跑、起跑后加速跑、障碍栏架间的跑动技术和终点跑技术与中长跑基本相同。这里主要介绍跨越障碍栏架的技术和越过水池技术。

### （一）跨越障碍栏架的技术

根据国际田联规则来看，越障碍栏架没有固定的姿势和方法和借助与手、脚，发展至今跨越障碍栏架的技术多采用"跨栏法"和"踏上跳下"两种方法。两种越过障碍栏架的方法相比较各有优势，优秀运动员比赛中一般采用"跨栏法"，普通教学中一般采用"踏上跳下"法。

（1）3000m障碍跑"跨栏法"（图13-4）越过障碍栏架的技术与400m栏的技术极其相似。但与400m栏不同的是障碍跑比赛不分跑道，障碍栏架间的距离较长，所以在障碍栏架间运动员不可能用固定的步数去跑。这就要求障碍跑运动员有准确的目测能力，而且运动员左、右腿都能正确地起跨，是保持跑的节奏和快速跨越障碍栏架的基本保证，能够保持跑的速度和节奏是正确技术指标之一。

跨栏法

图13-4 跨栏法过障碍栏架示意图

（2）"踏上跳下"法（图13-5）是在教学中常用的过障碍栏架的方法，教学中学生身体素质较差，并不能很好的控制能量的消耗，为保持后程力量，所以一般采用"踏上跳下"法。比赛中如若运动员的身体素质稍差，也可采取此方法，也能取得一定成绩。

踏上跳下法

图13-5 踏上跳下法过障碍栏架示意图

在踏上障碍栏架前，要目测起跨点，适当加快跑速。当起跨腿踏上起跨点后，摆动腿要屈膝向前上方摆出，同时蹬伸起跨腿，摆动腿的脚应由上向下柔和地落在障碍栏架的横木上，接着摆动腿要迅速屈膝缓冲，这些动作是紧密相连的，其目的是尽量减小踏上障碍栏架而产生的阻力。当摆动腿踏上障碍栏架时，起跨腿要借助起跨蹬地的力量，顺势屈膝上摆向摆动腿靠拢，同时上体加大前倾，两肩前压，形成一个团身的姿势。支撑在障碍栏架上的腿，在蹬离障碍栏架时，和平时后蹬一样，不要做特别的用力。这些动作是为了缩短过障碍拦架的时间，同时减少了能量的消耗。

### （二）越过水池的技术

越过水池的方法有两种：一是用"跨栏法"既越过障碍栏架，又越过水池。二是先踏上水池前的障碍栏架，再由障碍栏架上跳过水池。

第一种越过水池方法，是用"跨栏法"既跨过障碍栏架，又越过水池。当运动员跑到水池前 15～20m 时，要加快跑速，力争跨越障碍栏架的一步（跨栏步）能跨得更远些。起跨点距障碍栏架 1.6～1.8m，当运动员踏上起跨点后，摆动腿屈膝向前上方摆起，同时两臂上摆提肩，提高身体重心，加速起跨。起跨的方向，不是障碍栏架，而是水池的上方。过障碍栏架后，起跨腿向摆动腿靠拢，摆动腿不做明显下压动作。逐渐伸直，指向落点。在摆动腿落在水池前，起跨腿要超过摆动腿，摆动腿落在水池边沿较浅的地方。

第二种方法越过水池：当运动员跑到距水池 15～20m 时，就应加快跑速，将跑速提高到能轻松地踏上水池前障碍栏架的程度。栏前最后一步适当缩短步长，起跨点距栏架 1.5m～1.80m。正确踏上障碍栏架的动作，应和跑上栏架一样。

用"跨栏法"越过水池，要加快跑速，起跨时用力大，消耗能量较多。但身体重心的抛物线比第一种方法低得多，跨越水池的速度要快得多。

## 第三节　马拉松

马拉松是在公路上举行的一项超长距离跑项目。马拉松跑分为全程马拉松（42.195 公里）、半程马拉松与马拉松接力赛。一般提及马拉松，即指全程马拉松。世界各地每年都要举行不同距离、不同规模的马拉松赛，是男女均可参加的田径运动项目。

### 一、马拉松起源与发展

#### （一）起源

马拉松比赛是最为考验人们毅力的体育项目，它代表着毅力、喜悦、希望及和平。马拉松是希腊的一个地名，公元前 490 年，希腊与波斯两国在希腊的马拉松镇附近进行了一场激烈的战争。雅典军队在外无援兵的情况下，团结一心，运用正确的战术技巧，以少胜多，打败了强大的波斯侵略军，取得了辉煌的胜利。当时担任传令兵的菲迪皮得斯奉命将这一胜利消息尽快告诉雅典居民，让受难同胞早些分享到胜利的喜悦。他顾不得路途遥远，一口气从马拉松跑到雅典，到达雅典时他已累得精疲力竭，只说了一句"我们胜利了"就倒在广场，闭上了双眼。后来，为了纪念这位战士，在 1896 年第一届奥运会上，举行了从马拉松镇跑到雅典的比赛，全长 40 公里。第二届奥运会马拉松比赛赛程为 40.260 公里，第三届为 40 公里，第四届奥运会马拉松跑的正式距离为 42.195 公里。这是因为，1908 年第 4 届奥运会在伦敦举行时，英国王室成员要观看马拉松比赛，大会组委会就将起点安排在温莎尔宫的草坪前，终点设在白城运动场，二者之间的距离为 26 英里，但从终点到王室成员面前还有 385 码，所以全程是 26 英里 385 码，折合为 42.195 公里。以后就把这个距离作为马拉松跑的规定距离，并列入了奥运会的比赛，一直到今。

#### （二）马拉松在世界和中国的发展

马拉松跑距离长、体力消耗大，一般的长跑爱好者需要 3～5 个小时才能跑完全程。但是，长跑爱好者都把它看作是挑战自我的极限运动，特别是每跑完一次都有强烈的成功感，所以它吸引着广大长跑爱好者参加。世界各大马拉松赛，如德国柏林马拉松、荷兰阿姆斯特丹马拉松、美国波士顿马拉松等赛事的参赛人都是以数万计。目前，全世界每年举行的马拉松比赛超过 1000 场。2017 年 5 月 6 日，肯尼亚男子名将埃鲁德·基普乔格，在意大利蒙扎赛道进行了打破马拉松2小时大关的挑战。虽然基普乔格未能成功，但完赛成绩2小时25s已经创造了人类马拉松之最。2017年4月23日，伦敦马拉松，肯尼亚女子名将玛丽·凯塔尼以2小时17分01s的成绩创造了新的纯女子马拉松世界纪录，并获得冠军。

元朝北京就有了类似于现在"马拉松"的活动"贵由赤"。"贵由赤"译成汉语就是"快行者""速跑者"。这项赛事，既是活动量较大的体能锻炼，又具有军事训练的性质。可以说，元代的"贵由赤"赛跑是中国最早的"马拉松"赛事。

1981年9月27日，我国首次举办了北京国际马拉松比赛。1997年以前，北京国际马拉松赛只允许专业选手参加，最初参赛运动员只有几十人。组委会通过设置奖金等方式努力吸引世界顶级选手参加，赛事的水平和影响力也因此不断提升。从1998年开始，北京国际马拉松赛开始吸收业余选手参赛，并把比赛举办日确定为每年十月份的第三个星期天，参加比赛的人员来自世界各地，总人数逐年上升。至今此项比赛已经走过30多年历程，成为北京金牌赛事之一。它同厦门国际马拉松赛、上海国际马拉松赛、大连国际马拉松赛等赛事已发展为国内著名马拉松赛事，也是影响较大的传统性国际赛事。除了全程马拉松，半程马拉松也在中国发展得如火如荼。扬州鉴真国际半程马拉松赛、南宁国际半程马拉松赛以及拉萨、贵州、珠海半程马拉松比赛，吸引众多长跑爱好者参赛。马拉松已经成为国内城市向世界展示自己活力形象与开放精神的一个舞台。

## 二、马拉松比赛路线

马拉松起、终点一般多设在田径场内或者开阔的广场或者大道上，其他赛程主要在公路上进行，路线一般多选择平坦而宽阔的沥青或水泥路。

按照规则规定，自起点开始大约每隔5公里设置一个饮料站。饮料站设在运动员跑进方向的右侧，运动员自备饮料放置在最前端，桌上铺设的是红色桌布，蓝色桌子为大会饮料，白色桌子为大会提供的矿泉水或白开水。放置饮料的桌子间隔10m摆开，三类桌子一般间隔30m。

两个饮料站中间设置只供水的饮水/用水站，只提供矿泉水、白开水和海绵块。裁判员和志愿者比赛前将浸过水的海绵块放在白瓷托盘中，由运动员自己取用。

## 三、马拉松技术

由于马拉松赛程长，其跑的技术基本与长跑相似。还有就是其运动量大、能量消耗多，并且在地形不同的公路上进行，在跑的技术上要求更加经济、省力和适应不同地形的公路跑特点。

马拉松跑时上体要正直或稍前倾，两臂自然摆动，幅度不要太大。脚的着地点离身体重心投影点较近，用全脚掌或外侧先着地后再过渡到全脚掌，着地柔和而有弹性，膝关节自然的适当弯曲缓冲。在加速跑、终点跑和上坡跑时，两臂适当的配合两腿做积极的摆动。步长与步频应结合运动员的身体形态特点与训练水平而确定，并根据不同的途中跑地形进行调整，以保证能用比较均匀的速度跑完全程。

合理的呼吸节奏也是马拉松跑运动员的特点之一，主要取决于个人的特点和跑的速度。在正常跑速时，三步一呼、三步一吸；随着跑速的增加，采用两步一呼、两步一吸；在终点冲刺时有的运动员采用一步一呼、一步一吸。呼吸节奏一定要和跑速相适应，呼气有适宜的深度。

## 四、马拉松战术

马拉松的战术对于运动员取得优异成绩有着重要的作用。运动员战术安排的主要内容包括预先制定跑的时间分配、选择自备饮料的拿取公里点等。战术制订的主要依据是运动员本身的技能、对手的情况、本次比赛的任务以及比赛当天的天气情况、比赛时间、比赛路线的具体路况等。

## 五、马拉松注意事项

马拉松运动员必须首先进行严格的全面身体检查。对患有肝炎、心脏病、高血压、肺病、糖尿病及其他不适合参加马拉松赛的病症,不应该参加马拉松赛跑的训练和比赛。对暂时患病以及外伤未愈等情况,也应退出可能已报名的比赛。运动员在比赛过程中要根据自己身体情况,量力而行,如确实心力不支,应退出比赛,上收容车,以防意外发生。儿童、少年不宜参加马拉松跑的训练和比赛,青年时期应以提高长跑训练水平为主,逐步过渡到马拉松跑的训练。女子马拉松训练应注意到周期性的月经和生理特点。

马拉松运动员最佳的饮食时间应在赛前 2～3 小时,食物应含有足够的蛋白质、脂肪,特别是碳水化合物,要易于消化,同时运动员不要为参加比赛而刻意改变饮食习惯。由于比赛过程中消耗能量过多,赛后运动员可在大会设置的饮食点摄取食物,适当进食高能量、易于消化的食品并及时补充比赛中丢失的养分。之后几天,运动员要注意休息、加强营养,多吃蔬菜、新鲜水果、植物性脂肪,多喝牛奶、蜂蜜,避免喝带有酒精的饮料。

马拉松运动员可在比赛途中设置的饮料站、饮水/水站取用自备饮料或者大会饮料、大会提供的矿泉水或白开水。值得注意的是运动员在比赛中每次饮量不宜过多,特别是运动员要根据比赛当日的气温、出汗量来决定饮用次数和饮量。虽然有些时候准备了自备饮料,也可根据具体情况不拿取饮用。

# 第四节　越野跑

## 一、越野跑的起源与发展

20 世纪初,随着中长跑项目的发展以及训练方法的不断改进,以英国为代表的一些国家开始采用长时间的越野跑作为一种训练方法,并演变成正式的比赛项目。1903 年第一届国际越野跑比赛在苏格兰举行,并在 1912 年、1920 年和 1924 年被列为奥运会比赛项目。越野跑运动在欧洲非常普及,亚洲地区开展较晚。

## 二、越野跑的特点与比赛要求

### (一)越野跑特点

越野跑也是比较容易开展的群众性健身项目和竞技项目,属于有氧耐力项目。它不仅能提高人体的耐力,锻炼内脏器官,还能培养人的顽强意志力和吃苦耐劳的优良品质。越野跑通常在冬季进行,国内外许多运动员都把越野跑作为积极性休息和发展一般耐力的训练方法。20 世纪中期,越野跑已在世界各国广为开展,现已成为提高中长跑运动能力和大众健身锻炼的重要的练习手段之一。

国际田联设有越野赛跑委员会,每年举行一次世界性越野比赛。由于世界各地举行此项比赛时的季节、气候条件与跑程不一样，所以不设世界纪录。比赛距离根据性别、年龄来确定，录取办法分个人和团体两种。我国越野跑比赛尚不规范，大多数是在有条件的地区举行。国际田联世界越野赛跑团体锦标赛的距离大约为：成年男子，12km；成年女子，8km；青年男子，8km；青年女子，6km。

国际田联建议，其他的国际和国家比赛也应采用类似的比赛距离。群众性的越野跑距离则可长可短。

### （二）越野跑比赛要求

（1）越野跑比赛对赛道要求，必须在旷野或林地上举行，地面尽可能为草地带有自然障碍，也可以由设计者设计一条带有挑战性或者有趣的比赛路线。必须有足够的宽度可以进行比赛，还可放置必要的设施。

（2）世界锦标赛及国际比赛等大型比赛，比赛路线必须设计成环形，每圈长度在1500m与2000m之间。如有必要可加上一个小环形赛道以补足不同项目所需距离，比赛时应先跑小圈，建议大圈最少有10m的上坡。可采用天然障碍物，但应避免很高的障碍物、深坑、危险的上下坡以及茂密的丛林等，总之避免一切给比赛带来困难而违背比赛宗旨的障碍物。不宜设置人工障碍，不可避免时应使用仿真自然障碍物。若参加人数较多，起跑后1500m内不应有狭窄地段或其他障碍物。除在起点及终点外，不能有太长直道。

（3）路线两旁应用带子作出明显标记，建议在整个路线一边设有1m宽的走廊，外围加设栅栏，只准大会职员及传媒进入。人多的聚集区、起点和终点必须设立加固栅栏，有证人员方可进出。

## 三、越野跑的技术

#### 1. 起跑

应采用站立式起跑，"各就位"时走到起跑线后，两脚前后开立，重心放到前脚上，两臂自然下垂，集中注意力。当听到枪响后积极向前跑进，但不要太快，速度要根据个人的整体实力、特点和战术安排确定。当发挥出适合自己的跑速和合适的战术位置时，应该进入有节奏的途中跑。在起跑的过程中要注意临近自己的运动员的位置和跑进情况，避免碰撞和踩伤。

团体比赛的起跑，如果参赛队较多，往往以队为单位，把最优秀的队员排在前面，在起跑线后站成纵队起跑。团体比赛每个运动员应在团队的带领下根据自己的能力和周围运动员的情况决定自己的跑进路线和速度，最重要的是安全和不犯规。

#### 2. 途中跑

越野跑途中跑技术与公路跑、中长跑技术类似。一般较平坦路面跑时，上体正直稍前倾，两眼平视，余光注意脚下路面，两臂前后自然摆动，幅度不大与腿部节奏保持一致。上坡跑时身体前倾，前脚掌着地，缩短步长，加快频率，大腿积极前摆。下坡跑时上体稍后仰，控制着身体和膝关节向下跑，以全脚掌着地为主。下坡快要结束时的最后距离，可快速跑向平地，利用惯性自然向前跑。在上、下坡较陡的路段，可采用"之"字形跑法或小步快走的方法。

在草地、松软地和沙地跑时，缩小步长，加快步频，用前脚掌着地，踝关节要保持一定的紧张度，以防止扭伤。蹬地时腿不完全伸直。眼向前下方看，以免两脚被乱草缠绊，陷入坑洼或踩到石头上。如遇小沟渠、低障碍、矮灌木丛，可加速大步跨跳过去。在树林中跑时，要小心被树枝刮伤、戳伤等。

在田埂跑与过独木桥时，步幅稍小，身体重心稍降低，双臂张开保持身体平衡，以"外八字"全脚掌着地的跑法平稳跑过。独木桥较长时，应平稳走过。多人在较长的独木桥上跑时，应注意避免相互干扰的动作，若非比赛需要，最好单人独自通过。

越野跑时会遇见急转弯及折返，要以顺、逆时针跑的技术通过。逆时针跑时身体向左倾斜，用左脚外侧、右脚内侧着地，右臂摆幅大于左臂。顺时针跑时相反，速度越快动作幅度越大。折返跑时，注意控制跑的速度，步幅变小步频变快。总之，运动员在越野跑时，跑前应尽量熟悉路线，以便在比赛或练习时有目的地变换跑的技术和节奏。

途中跑呼吸技术和节奏很重要，要用鼻和半张的嘴（舌头顶着上颚）同时呼吸，呼吸的节奏和跑的节奏一致。呼吸方法因人而异。两三步一呼气，两三步一吸气。随着疲劳和"极点"的出现，呼吸要注重呼气，充分呼出废气吸入大量新鲜空气。"极点"出现时会出现呼吸困难，节奏紊乱现象，要用顽强的意志力克服身体的疲劳，加深呼吸，加大摆臂幅度，调整跑速坚持跑下去，直到呼吸节奏都恢复正常。

### 3. 终点跑

终点跑是指临近终点的最后一段距离跑，此时身体十分疲劳，应以顽强的意志品质全力冲向终点。有意识地加快加大摆臂，注意加大抬腿效果，加强后蹬力量。终点跑的距离主要根据个人实力水平和全程体力保持状况与战术需要来确定。

## 第五节　撑竿跳高

### 一、撑竿跳高发展历程

19世纪，欧洲国家开始举行男子撑竿跳的比赛。最开始，运动员采用的为木制撑竿，由于运动员成绩需要和人身安全的保障，撑竿的材质也在不断改变，从竹制撑竿、金属撑竿到尼龙撑竿。直到1962年国际田联正式承认使用尼龙撑竿后，撑竿材质不在更改，而运动员的运动成绩也开始不断提升。此外，男子撑竿跳自1896年的第1届奥运会即列为正式比赛项目，女子撑竿跳则在2000年开始成为奥运会正式比赛项目。目前，男子撑竿跳高的世界纪录保持者是法国运动员拉维勒尼在乌克兰举行的国际室内田径大奖赛中创造的6.16m的高度。女子撑竿跳高的世界纪录保持者是俄罗斯运动员伊莲娜·伊辛巴耶娃在国际田联黄金联赛苏黎世站创造的5.06m的高度。截至2017年8月，我国男子撑竿跳高的全国纪录是我国田径运动员薛长锐在2017年伦敦世锦赛创造的5.82m，我国女子撑竿跳高的全国纪录是我国田径运动员李玲在2016年多哈亚洲室内田径锦标赛创造的4.70m。

撑竿跳高项目是田径比赛中唯一一个需要借助撑竿的支撑和弹力，将人体送上高空后腾越过杆的运动项目。运动员需要在这个过程中通过持杆助跑，插穴起跳，悬垂、摆体、伸展、拉、转体、过杆及落垫的一个复杂的过程。此外，从运动员助跑获得的动能转换为撑竿的弹性势能和重力势能，其中还包括重力，支撑反作用力，阻力等，因此它的力学过程也是非常复杂的（图13-6）。

**图 13-6　撑竿跳高**

## 二、撑竿跳高教学过程

由于撑竿跳高是一个复杂的运动项目，非体育生学习起来难度较大，因此在教学中我们只学习到撑竿跳远技术，其动作与原理和撑竿跳高相似，难度更适合非体育生。初步学习撑竿跳高时，可先用短竿练习，熟练后再换长竿试跳。

### 1. 持握竿走

持握横竿进行30m持杆走练习，注意持握杆姿势（图13-7）。

练习目的：体会持握竿技术，掌握正确的持握竿技术。

### 2. 持握竿高抬腿走插斗穴

持握横竿进行30m高抬腿走，最后两步进行头顶举竿后迅速降竿同时将竿头插入斗穴（或者墙底），摆动腿尽量高抬与起跳腿呈90°（图13-8）。

图13-7　持握竿走　　　　图13-8　持握竿高抬腿走插斗穴

练习目的：掌握正确的降竿插穴技术。

### 3. 持握竿四步助跑起跳

持握横竿进行四步助跑，最后两步举竿降竿，降竿同时左脚蹬地，右腿高抬，做空中起跳弓步动作后，右脚先落地（图13-9）。

图13-9　持握竿四步助跑起跳

练习目的：掌握正确起跳的姿势，体会举竿、降竿、助跑、插穴起跳动作之间的衔接。

### 4. 橡皮筋六步快速举竿

将橡皮筋一头绑在短竿尾部，另一头进行固定（可绑在柱子上）在四步助跑起跳的基础上，进行六步快速举竿，其动作与四步助跑相同（图13-10）。

图13-10　橡皮筋六步快速举竿

练习目的：增加阻力，利用橡皮筋弹性熟练掌握撑竿跳动作。

#### 5. 四步助跑沙池撑竿跳远

结合举竿、降竿、助跑、插穴起跳动作，体会四步助跑撑竿跳远动作。插穴起跳时，空中呈弓步姿势后，双脚同时着地（图13-11）。

练习目的：熟练掌握撑竿跳远动作。

图 13-11　四步助跑沙池撑竿跳远

## 第六节　掷铁饼

### 一、掷铁饼项目概况

掷铁饼项目历史久远。在远古时期，人们使用石头投射飞禽走兽和树上的果实，随着后来的发展，人们掷扁形石头演变成了今天的掷铁饼运动。最初使用石头制造的铁饼，也逐渐采用金属制作，如铜、铁、铅等。

在1896年的第一届现代奥运会上，掷铁饼被正式列入比赛项目，创造了第一个男子铁饼纪录29.13m。当时掷铁饼项目的场地规格和技术等尚不规范统一，最初的"希腊式"技术动作由此诞生，随后技术发展，掷铁饼技术由过去的正面站立、侧向站立和换步旋转投掷等方式，发展成为背向旋转1.5周的宽站立、低姿势、大幅度投掷技术。现代掷铁饼技术普遍为曲线与直线相结合的旋转式复合运动，是技能加体能，集技术、速度、力量的完美组合。

现今，掷铁饼项目的组别和器械规定都有一定的要求（见表13-1），不同组别的纪录在不断刷新（见表13-2），随着技术的发展，未来掷铁饼技术将逐步完善。

表 13-1　各年龄组使用的器械重量

| 组别 | 少年女子 | 青年、成年女子 | 少年男子 | 青年男子 | 成年男子 |
| --- | --- | --- | --- | --- | --- |
| 器材重量 | 1.000kg | 1.000kg | 1.500kg | 1.750kg | 2.000kg |

表 13-2　男、女铁饼纪录情况一览

| 项目<br>纪录 | 男子铁饼 | | | 女子铁饼 | | |
| --- | --- | --- | --- | --- | --- | --- |
| | 姓名 | 成绩 | 年月 | 姓名 | 成绩 | 年月 |
| 世界纪录 | 舒尔特 | 74.08 | 1986 | 雷恩斯 | 76.8 | 1988 |
| 亚洲纪录 | 哈达迪 | 69.32 | 2008 | 肖艳玲 | 71.68 | 1992 |
| 中国纪录 | 李少杰 | 65.16 | 1996 | 肖艳玲 | 71.68 | 1992 |

### 二、掷铁饼各环节技术要领（以右手为例）

掷铁饼项目从预摆结束到出手，可分为以下几个环节：握持铁饼、预备姿势和预摆、旋转、最后用力以及铁饼出手后的维持平衡（图13-12）。

图 13-12 掷铁饼技术连续图

### 1. 握持

五指自然分开，将拇指和手掌平贴铁饼平面，其余四指末端指节扣住铁饼边缘。手腕稍屈，铁饼上缘靠于前臂（图 13-13）。

图 13-13 握持饼

### 2. 预备姿势和预摆

练习者背对投掷方向站于投掷圈后方，两脚约与肩同宽准备投掷。身体带动投掷臂摆动，铁饼预摆至身体后面，投掷臂与躯干约成 90°。后摆时，右脚脚尖点地，同时左脚前脚掌着地，重心置于两脚之间。

### 3. 旋转

旋转的目的是为最后用力积累人体转动的动能。其过程包括双支撑旋转、单支撑旋转、低腾空旋转以及旋转与最后用力的衔接。

（1）双支撑旋转。预摆至右脚离地为止。预摆结束后，身体重心向左腿缓慢移动。以左脚前脚掌为轴进入旋转动作，右脚蹬地，双腿支撑起转要平衡。技术要点：重心移动应随旋转而移。右脚不能过早蹬离地面

（2）单支撑旋转。右脚离地至左脚离地为止。右脚蹬离地面，身体重心进入左腿支撑旋转阶段，右腿微屈，向投掷方向转蹬，右大腿摆时高度不超过水平线。技术要点：右腿摆扣和左腿转蹬相结合，以保持下肢对上肢的超越。

（3）低腾空旋转。左脚离地右脚落地为止。随着身体的转动，左脚蹬离地面，使身体腾

空向投掷方向移动,右腿内扣带动右髋旋转。

技术要点:尽量缩短腾空时间;左腿积极向右腿靠拢,减少下肢转动半径,增加下肢转动的角速度。为完成髋轴超越肩轴、右脚积极转动,以及左腿快速后摆落地创造条件。

(4)旋转与最后用力的衔接。指右脚着地至左脚着地,是承上启下的技术环节。右脚着地后,右腿积极屈膝转动,同时左脚靠近地面快速摆向落点。右脚转90°,左脚着地。技术要点:身体重心落在弯曲的右腿上;右脚着地后不停转动;左脚积极落地,缩短单支撑时间,加速完成双支撑阶段。

### 4. 最后用力

最后用力是在旋转的基础上继续给铁饼加速,最终达到增加投掷远度的目的。双脚着地,最后用力动作开始。以右脚为轴继续转动,带动右髋转至投掷肩和臂的前面,同时投掷臂与躯干成90°。当铁饼摆至出手点位置(出手点的高度约与肩同高,出手角度35°左右),身体左侧固定或"支撑",右侧身体继续旋转,并加快铁饼出手动作。

技术要点:身体重心由右腿推向左腿,充分发挥下肢力量与躯干的转动力量;左腿在转动中,起积极制动支撑转动用力的左右;旋转的基础上给器械加速,以最大速度和最佳角度掷出。

### 5. 出手后的维持平衡

当铁饼出手时,练习者进行换步缓冲的动作,换步时身体重心逐步下降,以控制身体,防止犯规。

## 第七节 掷链球

### 一、掷链球技术发展概述

链球是由以前打铁的铁锤演变而来,现在的链球由链子、把手和球体组成的。男子链球重7.26公斤,总长117.5～121.5cm,女子链球重4公斤,总长116.0～119.5cm。目前国际上优秀链球运动员的掷链球技术主要有两种,一种是掷链球的三圈旋转技术,这种技术对运动员的旋转爆发力要求较高,另一种是运用较为广泛的四圈旋转技术,四圈旋转技术由于旋转圈数的增加,链球的加速时间以及加速轨迹都比较长,更有利于链球的加速。

起初,世界田径比赛只有男子链球项目,女子链球正式被列为奥运会项目是在2000年的悉尼奥运会上。男子链球世界纪录是86.74m,由乌克兰链球运动员谢迪赫创造,女子链球世界纪录是由波兰选手在2016年里约奥运会上创造的82.29m。我国的掷链球运动发展起步较晚,但是女子链球项目尤为突出。解放军的选手张文秀以76.75m的成绩获得里约奥运会银牌。

### 二、掷链球技术

#### 1. 握法(以右手投掷运动员为例)

链球的把柄置于左手第二关节,右手握在左手之上,左手大拇指放在右手拇指上(图13-14)。

#### 2. 预备姿势

链球运动员站在投掷圈后沿,背对投掷方向,两脚开立比肩稍宽,两膝微屈,根据个人的预摆启动方式,将链球放于身体正前方或者身体右后方。

#### 3. 预摆

链球预摆的启动方式有两种,分别是将链球至于右后方随着上体由屈体转为伸展开始预摆和钟摆式的预摆,目前钟摆式的预摆方式被广泛采用,这种方式有利于把握链球的摆动节奏。大部分优秀运动员采用两圈预摆的方式,这对初学者也同样适用,预摆时随着链球的旋转,人体的髋必须做与链球的旋转方向反拥的旋转运动,身体重心在两腿之间随着链球的旋转节奏交替转换。预摆阶段链球的低点位于运动员的右前方,高点位于运动员的左后方,并且随着低点随着预摆的节奏向运动员左侧移动,高点向运动员的右后方移动(图13-15)。

图13-14 握法

图13-15 持链球预摆练习

### 4. 旋转

掷链球技术的旋转过程中由双脚配合完成360°的旋转,当链球经过最低点时,髋部保持稳定,由右脚前脚掌蹬地推动身体旋转,左脚脚后跟支撑向左侧旋转180°,之后身体重心顺着右脚蹬地旋转的惯性由左脚的脚后跟经过左脚脚掌外侧移到左脚前脚掌,同时右脚尽可能晚抬起,右脚抬起之后尽可能靠近并尽可能低的绕左脚旋转一周并以最快的速度落地,与此同时带动左脚前脚掌完成后180°旋转。旋转过程中身体重心尽量降低,因为旋转阶段会产生较大的离心力,降低重心更有利于与链球运动形成反作用力,从而避免身体重心过高被甩出投掷圈(图13-16)。

图13-16 徒手旋转练习

### 5. 最后用力

最后用力时运动员背部指向投掷方向。当链球完成旋转阶段到达运行轨迹最低点时,运动员右脚积极蹬地,双腿快速蹬伸,以身体左侧为轴,右髋转到前面,当髋轴正对投掷方向时,身体左侧形成制动。双臂以鞭打动作向左上方挥动。当链球运行至与肩同高时出手。

### 6. 缓冲

为了避免链球出手后由于巨大的惯性力使运动员脚踏出投掷圈造成犯规,出手后必须有个缓冲。大部分运动员采用的缓冲方式是换腿,运动员将左腿抬离地面向后撤,交换双腿的同时双腿弯曲,身体重心下降。

## 第八节　全能运动

### 一、全能运动的发展概况

全能运动最早起源于古希腊，项目设置和比赛形式在很长一段时间没有得到统一。在第18届古代奥运会上，全能比赛包括赛跑、跳远、掷标枪、掷铁饼和角力。欧洲是现代全能运动的起源地，第3届奥运会设置了男子十项全能项目，在之后的几届奥运会设置过五项全能项目，延续至第8届奥运会取消。1922年全能项目开始有了世界纪录，在20世纪初期，芬兰和瑞典在国际比赛中占领世界领先地位，到了30年代，美国、法国和苏联运动员不断创造新的世界纪录，逐渐占据项目优势。全能项目在中国开展较早，在1914年的全国运动会和之后的第4届、第5届、第7届远东运动会上，我国运动员都取得了优异成绩，中国的全能项目得到了进一步的发展。

### 二、全能运动的项目设置

全能运动的项目设置，一般按照跑、跳、投三个项类进行组合。比赛项目具有特定的顺序性和时间性。按照不同的性别和年龄，全能项目包括场地全能项目、室内全能项目、少年组全能项目、少年乙组全能项目等。按照组别分为成年男女、青年男女、少年男女项目等，采用不同的栏架高度、距离，不同重量的投掷器械和不同的比赛顺序和时间。

（1）场地全能项目的成年男子五项全能项目，按照跳远、标枪、200m、铁饼、1500m的比赛顺序在同一天内完赛。成年男子十项全能项目，连续两天按照第一天：100m、跳远、铅球、跳高、400m，第二天：110m栏、铁饼、撑竿跳高、标枪、1500m的顺序比赛。成年女子七项全能连续两天比赛，第一天：100m栏、跳高、铅球、200m，第二天：跳远、标枪和800m。十项全能比赛顺序为第一天：100m、铁饼、撑竿跳高、标枪、400m，第二天：100m栏、跳远、铅球、跳高、1500m。

（2）室内全能项目成年男子五项全能，同一天内的比赛顺序为60m栏、跳远、铅球、跳高、1000m。成年男子七项全能第一天：60m、跳远、铅球、跳高，第二天：60m栏、撑竿跳高、1000m。成年女子同一天内的比赛顺序为60m栏、跳高、铅球、跳远、800m。

（3）少年组全能项目少年男子七项全能，第一天：110m栏、跳高、标枪、400m，第二天：铁饼、撑竿跳高、1500m。少年女子五项全能第一天：100m栏、铅球、跳高，第二天为跳远、800m。

（4）少年乙组全能项目少乙男子四项，第一天：110m栏、跳高，第二天：标枪、1500m。少乙女子四项全能项目，第一天：100m栏、跳高，第二天：标枪、1500m。少年全能项目是我国根据具体情况而设。

### 三、特殊的比赛规则

全能运动比赛时，除在编排原则、分组原则上与单项比赛不同外，在规则上也有不同，除采用各有关单项的规则外，尚有下列特殊规定：

#### 1. 检录

单项比赛的检录必须到赛前控制中心进行统一检录；全能项目的检录，每天第一项由赛前控制中心进行检录，后继项目由全能裁判员自行检录。

**2. 赛次**

径赛的各项目赛次有预赛、次赛、复赛、决赛；全能径赛项目只有一个赛次。

（1）起跑：单项比赛对第一次起跑犯规的运动员应给予直接罚下处方；全能项目中，如果一名运动员二次起跑犯规将被取消该项目的比赛资格。

（2）高度：单项比赛升高计划递增跳高不少于 2cm，撑竿跳高不少于 5cm，只剩一名已或胜者时，须征求本人意见；全能比赛的升高计划自始至终不变，跳高 3cm，撑竿跳高 10cm。

（3）时限：只剩 1 人时，单项跳高 3min，撑竿跳高 5min；全能跳高 2min，撑竿跳高 3min。

（4）远度：单项比赛分前三次试跳（试掷）和后三次试跳（试掷）；全能比赛每人只有 3 次试跳（试掷）机会。

（5）名次和成绩相等：

① 单项比赛是以决赛成绩排定名次；全能是以各单项得分之和排定名次，总积分最多者获胜。

② 如果总分相等，则以得分较高的单项数量多者为优胜。如仍然成绩相等，则以任何一个单项得分最高者为优胜。如再次成绩相等，则以第二得分高的单项分数较高者名次列前，并依此类推。此方法适用于全能比赛中任何名次的成绩相等情况。

（6）运动员必须按规定的顺序和时间参加全部项目的比赛，方可计其总分和名次。如任何一个单项弃权，则不得计算总分和名次。

（7）凡需计风速的单项成绩，每秒平均风速在 4m 以下者，其全能运动的纪录可予承认。如风速超过每秒 4m，仍可按其总分计全能的名次，但不能作为正式全能纪录。

（8）全能运动中的径赛项目采用电动计时或人工计时均可，但不得混合使用，应分别设置记录。

# 拓展篇

# 第十四章
# 体能锻炼与健身运动

## 第一节 体能训练概述

### 一、体能训练的概念

体能是通过力量、速度、耐力、协调、柔韧、灵敏等运动素质表现出来的人体基本运动能力。体能训练的主要目的是发展人的体能和运动能力,即通过适宜负荷刺激,提高有机体机能能力,促进人身体形态和内脏器官结构功能改变,发展一般和专项运动素质,使有机体产生适应性变化、提高机体适应运动需要的训练。

目前,以神经—肌肉系统激活、募集、控制为主线的功能动作训练新理论不断兴起,诸如 FMS 功能动作测试,脊柱肌肉力量(肩部、躯干和臀部稳定)训练,核心力量训练,本体感觉训练,加强动力链训练,弱链(代偿性动作、动作非对称和损伤)矫正训练,损伤预防训练,保养与康复训练,恢复与再生(淋巴按摩、筋膜放松)训练等。

### 二、体能训练的发展趋势

体能训练的发展趋势由传统的"作坊式"训练发展到大工业生产的"流水线"训练模式。体能教练依据优秀运动员不同时期和运动员的不同特点制订适合运动员自身的身体素质训练计划,保障运动员竞技能力不断提高、运动寿命延长的同时,减少了运动损伤的发生率。体能训练已经由单关节、单维度运动向多平面、多角度、三维模式训练方向发展,更加强调多环节、运动链整体训练以及核心柱稳定性训练。

### 三、体能训练的意义与作用

#### 1. 工作和生活不可缺少的基本运动能力

人类保持健壮身体的前提,首先是让全身肌肉强壮有力,否则,身体就不易胜任学习、工作、劳动、娱乐等多方面的要求。人长时间的工作,需要心血管耐力和肌肉耐力;搬动重物或对抗外界阻力时,需要肌肉力量;做活动幅度较大的动作时,需要关节的灵活性及肌肉、韧带的伸展力强等等。

### 2. 利于掌握复杂的技术动作和提高运动成绩

体能训练水平的高低决定力量、速度、耐力、柔韧、灵敏等运动素质的发展水平，有助于运动员掌握复杂的技术动作，并对运动成绩的提高起着决定性的作用。不同运动项目对运动员的体能有着不同程度的要求，只有体能提高了，运动成绩才有可能提高。

### 3. 有利于承受大负荷训练和高强度运动

运动员承受大负荷训练和高强度运动的基础是良好的体能储备，在运动训练中也只有具备了良好的体能才能保证机体适应大负荷训练的需要。否则，训练后的酸痛和疲劳感是一般人难以忍受，而且也不易恢复，严重的会损伤机体健康，极大地影响运动效果。科学的体能训练能有效地提高运动员心血管系统功能，改善呼吸系统和神经系统功能，为运动员承受大负荷训练和高强度运动奠定基础。

### 4. 有利于在日常训练和比赛中保持稳定、良好的心理状态

稳定、良好的心理素质是运动员在训练、比赛中取得成功和制胜的重要因素。俗话说"每天运动一小时，健康生活五十年"，足以表明体能训练在生活中的重要性。健康的体能能培养人积极向上的心理和良好的个性特征，科学的体能训练也能促进全民健身运动的开展，有利于社会主义精神文明建设。

### 5. 有助于预防伤病、延长运动寿命

科学的体能训练可以促进人体骨骼和肌肉的增长，促进人体血液循环以提高心脏功能，经常参与体能训练可以改善运动员呼吸系统功能，还可以提高中枢神经系统功能。生命在于运动，科学的体能锻炼也可以帮助运动员消除代偿性动作、改善动作的不对称性和不稳定性，预防运动损伤的发生。

## 第二节　体能锻炼课的安排

体能锻炼课的安排应强调多关节、多平面的动作训练，即在日常的训练过程中，多关节的动作比单关节的动作要更加强化功能性。在竞技比赛中，身体动作不再是单独的某一平面内的动作，相反，大部分动作都是在两个或两个以上平面内的动作，所以要强调关节在各个角度、运动环节在各个平面的动作训练。

### 一、损伤预防和躯干支柱力量训练

肩部是人体最薄弱的环节，其次，是腰部。传统的卧推、卧拉、引体向上训练，无论其力量有多大，其用力方向都是单维的，而在实际运动中，肩部和腰部的动作都是多维的。损伤预防训练和躯干支柱力量训练的主要目的是解决人体肌肉力量的不平衡性、提高躯干的灵活性和稳定性。躯干支柱肌肉力量涉及髋部、躯干（核心）和肩部稳定性。

躯干支柱力量训练的第一步是通过髋部力量练习激活骨盆周围肌肉，增强骨盆的稳定性，然后进行脊柱腰段力量训练，增强躯干整体的稳定性，建立良好的身体姿态；最后，进行肩部力量练习，平衡发展肩部肌群，从而有效预防肩部运动损伤的发生。

#### 1. 肩关节训练

（1）俯卧 I 字（图 14-1）、Y 字（图 14-2）、T 字（图 14-3）、W 字（图 14-4）。

俯卧于垫上，练习过程中手臂伸直，大拇指朝上，身体紧贴地面，面部朝下，肩胛骨向内收紧，整个动作过程中身体放松，只有手臂发力完成规定次数。主要激活肩带及上背部肌肉。

图 14-1　I 字　　　图 14-2　Y 字　　　图 14-3　T 字　　　图 14-4　W 字

（2）结合泡沫轴

① 仰卧展臂。仰卧于泡沫轴上，双腿屈膝，双脚支撑地面，手臂伸直置于体侧，之后手臂沿水平面画弧至头顶正上方，动作过程中保持手臂伸直并完成规定次数。主要激活肱二头肌、三角肌。

② 跪立前伸（图14-5）。跪立于垫上，俯身向前，双臂伸直支撑在泡沫轴上，大拇指向外，其余四指并拢指向脚尖方向。呼气时，身体前倾，使泡沫轴缓慢向前滚动，吸气时还原。完成规定次数，主要激活尺侧腕屈肌、桡侧腕屈肌、指深屈肌。

③ 跪坐前伸。双膝并拢，臀部后坐于脚后跟上，上身直立，手臂前伸，双手掌心向下放于泡沫轴上。呼气时，手臂推动泡沫轴向前，到达自己极限时停留，吸气时还原。主要激活肩胛下肌、三角肌。

（3）结合瑞士球

① 瑞士球上 I 字、Y 字、T 字、W 字。俯卧于泡沫轴上，背部伸直，胸部不贴球，大拇指朝上，练习过程中按要求手臂呈 I 字、Y 字、T 字、W 字，练习过程中注意双侧肩胛骨收紧后抬起手臂，主要目的激活肩胛骨周围肌群。

② 仰卧侧平举（图14-6）。仰卧于瑞士球上，球放于双侧肩胛骨下方，臀部收紧，髋部伸直，双臂侧向打开伸直，保持大腿与地面平行。进阶练习，双脚脚跟着地，两脚距离与肩同宽，左右滚动瑞士球。主要激活肩部、躯干及髋部肌群。

图 14-5　　　　　　　　　　　　　　图 14-6

③ 仰卧展臂。仰卧于泡沫轴上，两脚与肩同宽并屈膝，全脚掌着地，双手自然放松置于身体两侧，掌心向下。吸气时，手臂沿水平面画弧置于头顶上方，手臂始终伸直，呼气时还原。主要激活肱二头肌、三角肌。

#### 2. 躯干与髋部力量训练

通过躯干支柱力量的训练，提高身体核心力量，提高身体的稳定性，建立良好的身体姿态。增强脊柱肌肉力量、提高其神经-肌肉系统的控制能力。

（1）臀肌桥——双脚（图14-7）

仰卧于垫上双脚并拢，屈膝抬脚尖，双手自然放于身体两侧，臀部收缩抬起髋部，使肩、髋、踝在一条直线上，保持背部伸直。主要激活臀大肌、腘绳肌、下背部肌群。

(2) 臀肌桥——单脚

仰卧于垫上双脚并拢，屈膝抬脚尖，双手自然放松置于身体两侧，臀肌收紧抬起髋部，保持臀肌桥姿势，左脚伸直，左右交替进行。主要激活臀大肌、大腿后侧肌群、背部肌群。

(3) 臀肌桥—屈膝军步（图 14-8）

图 14-7

图 14-8

仰卧于垫上双脚并拢，双手自然放于身体两侧屈膝勾脚尖，臀部收紧抬起髋部，保持臀肌桥姿势，屈膝抬右脚，右膝尽量靠近胸部，右脚收回，左腿屈膝抬起。练习过程中保持臀部高度，不要弓背。主要激活臀大肌、大腿后侧肌群、后背部肌群。

(4) 臀肌桥—迷你带

仰卧于垫上，腿上套上迷你弹力带，置于膝关节上方，双脚屈膝向上抬脚尖，两脚距离略比肩宽，臀部收紧抬起髋关节，使肩、躯干、髋、膝在一条直线，保持 3～5s，回到起始位置。主要激活臀大肌、髋外展肌群。

(5) 臀肌桥—药球（图 14-9）

仰卧于垫上双手自然放松置于身体两侧，屈膝且双膝夹住药球，臀肌发力抬起髋关节，使肩、躯干、髋、膝在一条直线上，不要弓背，保持 3～5s，回到起始位置。主要激活臀大肌、髋内收肌群。

(6) 瑞士球—迷你带组合训练（图 14-10）

图 14-9

图 14-10

仰卧于瑞士球上，身体与地面平行，全脚掌落地，手臂伸直与地面垂直，迷你弹力带放于手腕处。吸气时，右手不动，左手直臂有控制地向后展臂至最大距离，呼气时收回，反之亦然。主要激活臀大肌、下背部肌肉、肱二头肌。

(7) 泡沫轴仰卧挺髋（图 14-11）

图 14-11

仰卧曲肘，脚踝、肘关节下分别放置一个泡沫轴。吸气时，臀部抬离地面向上挺髋，呼气时复原。主要激活腹直肌、髋关节肌群、三角肌。

## 二、动作准备

相比于传统的热身和准备活动，动作准备是一套新的训练理念和动作模式。合理有效的动作准备可以提高身体温度，有效伸展肌肉，激活肌肉组织本体感受和神经系统的兴奋性。

### 1. 臀部激活—迷你带

① 蹲起。身体自然站立脚尖朝前，目视前方，双手自然放于身体两侧，两脚距离与肩同宽，脚尖向前，迷你带套在膝关节上方。下蹲时臀部发力，两手向前平举，膝关节不超过脚尖，大腿尽量与地面平行。练习2～3组，每组8～10次。

② 俯撑后抬腿（图14-12）。手臂伸直俯撑于垫上，脚尖着地，肩、髋、踝关节成一条直线，两脚距离与肩同宽，迷你带套在膝关上方节。吸气时，臀部发力垂直向上抬起一条腿，脚尖向下，呼气时收腿，两腿交替。练习2～3组，每组8～10次，两腿交替进行。

③ 站姿单侧膝关节外展（图14-13）。身体自然站立，脚尖朝前，迷你带套在膝关节上方，两脚距离与肩同宽，屈髋屈膝，双手放于腰间。吸气时，左侧膝关节外展，左脚内侧离地，呼气时还原。反之亦然。每组3～6次，2～3组。

图14-12　　　　　　　　　　　　　　　　图14-13

④ 迷你带侧向移动。身体自然站立，脚尖朝前，迷你带套在膝关节上方，两脚距离与肩同宽，屈髋屈膝，双手发力屈肘放于身体两侧，上身保持紧张状态。吸气时，左脚蹬地，向右侧移动，右脚制动形成右侧稳定支撑墙，右侧肩、膝、踝在一条直线，呼气时，右脚收回。反之亦然。每组3～6次，2～3组。

### 2. 神经激活

① 双脚原地交替移动（图14-14）。身体自然站立，两手自然置于身体两侧，两脚距离稍比肩宽，屈髋并稍屈膝。原地站立，两脚依次交替移动，发展无氧能力。每组10～15s，2～3组。

图14-14

② 双脚原地交叉左右移动（图 14-15）。身体自然站立，两手自然置于身体两侧，两脚距离稍比肩宽，稍屈髋关节和膝关节。两脚以最快的速度做原地前交叉，左脚前交叉 10s，右脚前交叉 10s，2～3 组。

图 14-15

③ 原地碎步跑。身体自然站立，双手发力屈肘置于身体两侧，两脚距离稍比肩宽，稍屈髋关节和膝关节。两脚以最快的速度做原地碎步跑，同时两手臂有力量并有控制的前后摆动。每组 10～15s，2～3 组。

**3. 动态拉伸**

① 单脚支撑提膝。身体自然直立，双手自然置于身体两侧。左脚支撑抬起右脚屈膝，双手抱住右膝使其贴近胸部，支撑腿脚跟离地，支撑腿肩、髋、膝、踝在同一垂面，停顿 2s 后放下，两脚交替进行。

② 单脚支撑提拉（图 14-16）。身体直立，双手自然置于身体两侧，左脚支撑右脚向后屈膝抬腿，右手抓住右脚脚背，左手向上伸直掌心向前。支撑腿肩、髋、膝、踝在同一垂面，向上抬脚跟，停顿 2s 后放下，两脚交替进行。

③ 单脚支撑抬腿。身体直立，双手自然置于身体两侧。左脚支撑，左手抓右脚脚底，右手抓右侧膝关节外侧，双手同时发力向上抬右腿，停顿 2s 后放下，两脚交替进行。

④ 并步变侧弓步（图 14-17）。两脚并拢，双手自然放于身体两侧。向右侧做两次并步成右支撑弓步，停顿 2s 变左侧弓步，双手伸直伸向身体正前方，再接并步和侧弓步，左侧亦然。每组 5～8 次，2～3 组。

图 14-16　　　　　　　　　图 14-17

⑤ 并步变前弓步。两脚并拢侧对前方，双手自然放于身体两侧。向右侧做两次并步，变前弓步，前腿大腿与地面平行，躯干、小腿与地面垂直，后侧支撑腿伸直（膝关节不着地），左侧亦然。每组 5～8 次，2～3 组。

## 三、运动素质训练

### 1. 柔韧素质训练

① 坐姿侧弯。盘坐于垫上,双手交叉放于脑后,上体保持直立。身体缓慢向右侧弯,右肘触垫,保持10～15s,反之亦然。

② 前倾髋韧带拉伸(图14-18)。髋关节朝前坐立于垫上,左腿屈膝放于体前,大小腿呈90度,右腿伸直置于体后,上身慢慢前倾贴于垫上,保持10～15s,反之亦然。

图 14-18

③ 俯卧后展腿(图14-19)。俯卧于垫上,两臂侧平举,掌心向下,双腿并拢。上体保持不动,右脚抬起向左侧转动到最大角度,保持10～15s,反之亦然。

### 2. 力量素质训练

① 罗马尼亚硬拉(图14-20)。单脚站立,双手各持一个壶铃。呼气时,下放壶铃,保持躯干挺直、非支撑腿伸直,与地面平行,脚尖向下,呼气时,还原成开始姿势。反之亦然。

图 14-19　　　　　　　　　　　图 14-20

② 半蹲弧线上举药球。半蹲位,上身正直,膝关节不超过脚尖,脚尖朝前,双手抱住药球置于腹部,手臂伸直。双手发力使药球经体前弧线轨迹至头顶。每组5～10次,2～3组。

③ 瑜伽球—泡沫轴俯卧撑(图14-21)。双手放于泡沫轴上,双脚置于瑜伽球顶端,成俯撑姿势。身体与地面平行,缓慢屈臂至最大幅度,然后还原至初始动作,整个过程5～10s完成,每组3～5次,2～3组。

图 14-21

### 3. 速度素质训练

① 多方向加速跑。设置一起点,并在距离起点10m处的正前方、左侧和右侧45°各放置一标志物。训练者通过弹力带对练习者施加阻力,练习者从起点开始,按照逆时针方向依次前进跑和后退跑至标志物和起点。练习2～3组。

② 软梯—弹力带交叉滑步前移（图14-22）。站在软梯第一格左侧，身体自然站立，迷你带套在脚踝处。右脚迈步到第一格框内的同时左脚跟进，左脚着地瞬间迈出，右脚着地瞬间，左脚前迈到第二格子内，右脚跟进；左脚移出到左边框，右脚向前迈步到第三个格子内，左脚跟进，依次向前进。

图 14-22

③ 原地弹力带垫步分腿跳。原地站立，两脚距离与肩同宽，屈髋并稍屈膝，弹力带套在膝关节下方，脚尖朝前，两手臂稍用力曲肘置于体侧，腰部挺直。双脚原地垫步两次，立即前后分腿跳，左右脚依次向前，每组5～8s，2～3组。

**4. 耐力素质**

① 连续半蹲跑。双膝微屈呈半蹲姿势，膝盖不超过脚尖垂直面。向前跑进30～50m，3～5组，每组间歇3～5min定速度，走回来时尽量放松。

② 连续换腿跳台阶。站立于台阶前，两臂自然放于身体两侧，目视前方。然后两腿交替登台阶，两臂自然配合，每组60～90s，3～5组，每组间歇3～5min。

③ 实心球前交叉跳（图14-23）。侧对实心球站立，双脚前交叉跳过实心球，左右连续跳，每组30次，3～5组，组间歇2min。

图 14-23

**5. 灵敏、协调素质训练**

① 原地前前后后摸脚跳（图14-24）。双腿自然开立站立，屈膝前抬左脚的同时右手摸左脚，屈膝前抬右脚的同时左手摸右脚，向后完成同样的动作。每组15～30s，2～3组。

图 14-24

② 双人模仿练习。两人间隔1～1.5m面对面站立，两脚自然开立与肩同宽。一人做动作，另一人模仿，先行者主动做动作，模仿者尽量去模仿。10～15s后变换角色，2～3组。

③ 瑞士球上双膝跪立（图14-25）。跪立于瑞士球上，双手缓慢离开球，双膝距离不要过大，慢慢抬起上体，使上体尽可能保持正直，双臂自然侧平举于身体两侧，维持身体平

衡,保持15～30s,2～3组。

图 14-25

## 四、恢复与再生训练

恢复与再生训练是帮助锻炼者消除因运动训练而造成的生理疲劳和心理疲劳,帮助锻炼者恢复体力的一种方法手段。

① 大腿后侧肌群（图14-26）。上身正直,坐于泡沫轴上,双腿伸直双脚离地,双手撑地双臂伸直。手臂发力,由臀部向膝关节腘窝处滚动泡沫轴,重复10～15次,2～3组。

② 大腿前侧肌群（图14-27）。俯卧,泡沫轴置于大腿前侧,双手撑地,双腿伸直,脚离地。双臂发力带动泡沫轴前后移动,重复10～15次,2～3组。

图 14-26　　　　　　　　　　　　图 14-27

③ 臀大肌（图14-28）。坐于泡沫轴上,左手、左脚撑地,右腿叠放于左大腿上,右手放于右膝,身体向左侧倾斜。左手、左腿发力滚动泡沫轴放松左侧臀大肌,右侧亦然。重复10～15次,2～3组。

图 14-28

④ 髂胫束（图14-29）。侧卧于泡沫轴上,左臂曲肘撑地,左腿伸直,大腿外侧置于泡沫轴上,右腿绕过左腿屈膝支撑。左臂发力带动泡沫轴上下滚动,反之亦然。重复10～15次,2～3组。

图 14-29

⑤ 小腿后侧肌群（图 14-30）。坐姿腿部伸直，小腿放于泡沫轴上，双手撑地，臀部离地。双手发力，带动泡沫轴前后滚动。重复 10～15 次，2～3 组。

⑥ 踝关节。坐姿腿部伸直，踝关节放于泡沫轴上，双手撑地，臀部离地。双手发力，带动泡沫轴前后滚动。重复 10～15 次，2～3 组。

图 14-30

⑦ 小腿前侧肌群（图 14-31）。双手撑地，两腿并拢，小腿前侧放于泡沫轴上。双手发力，带动泡沫轴前后滚动。重复 10～15 次，2～3 组。

⑧ 大腿内收肌（图 14-32）。俯卧，双臂曲肘前支撑，右腿伸直，左膝屈膝 90°前放，泡沫轴置于左大腿内收肌位置。腰部发力，带动泡沫轴左右滚动。重复 10～15 次，2～3 组。

图 14-31

⑨ 腰背部肌群（图 14-33）。仰卧，泡沫轴放于腰部，屈膝支撑，臀部离地，双手交叉放于腹前。腿部发力，带动泡沫轴上下滚动。重复 10～15 次，2～3 组。

图 14-32　　　　　　　　　　　图 14-33

## 第三节　体能锻炼计划的制定

体能锻炼计划是为实习体能锻炼目标而制订的相应的体能锻炼方案，体能方案的制订应遵循整体性、系统性、全面性、循序渐进和适宜负荷原则。根据训练目的和训练时间，可以将体能锻炼计划分为年锻炼计划、月锻炼计划、周锻炼计划和日锻炼计划；根据发展身体部位的不同，可将体能锻炼计划分为全身锻炼计划、躯干锻炼计划、上肢锻炼计划和下肢锻炼计划；根据发展运动素质的不同，可将体能锻炼计划分为柔韧力量素质训练、力量素质训练、速度素质训练、耐力素质训练、协调和灵敏素质训练。无论是某一单项的特定阶段或者周期的体能锻炼过程，都需要经过一个系统性、连续性的锻炼才能得以实现。

### 一、体能锻炼计划制订的原则

体能锻炼计划的制订要遵循适宜负荷原则，运动负荷的安排要合理适度，既能满足锻炼者增强体质的要求，又符合身体的实际承受能力。运动内容、方法、运动负荷的安排应遵循由小到大、由浅入深的原则。同时，体能锻炼计划的制订应遵循持之以恒原则。最后，体能锻炼的制订应严格遵循因人制宜原则，应根据锻炼者的年龄、性别、身体状况、客观条件和锻炼基础制定，使之符合实际的要求。

## 二、体能锻炼计划制订程序

体能锻炼计划的制订首先应明确锻炼思路，即根据不同阶段的锻炼目标、技术动作的要求、运动技能形成规律和身体素质发展的敏感期来制订体能锻炼计划各个环节的训练内容。首先，根据锻炼目标、锻炼周期和技术动作需求来设计体能锻炼计划的整体设计思路，合理安排每个训练阶段的任务与目标。其次，根据体能锻炼计划的需要，合理安排和组合动作模式、运动负荷和负荷强度。最后，根据制定的体能锻炼计划实施锻炼。

## 三、体能锻炼计划案例（表14-1）

表 14-1 周体能锻炼计划

| 日期 | 锻炼板块 | 锻炼内容 | 强度 |
| --- | --- | --- | --- |
| 星期一、星期五 | 有氧耐力 | 20min 钟持续匀速跑 | 140 次/min 左右 |
| | | 8min 钟变速跑 | 130-160 次/min |
| | | 高抬腿跑 | 3 组×30m |
| | 动态拉伸 | 单脚支撑提膝 | 2 组×12 次 |
| | | 单脚支撑抱膝 | 2 组×12 次 |
| | | 并步变侧弓步 | 3 组×30m |
| | | 并步变前弓步 | 3 组×30m |
| | 躯干稳定性 | 臀肌桥—双脚 | 2 组×20s |
| | | 臀肌桥—屈膝军步 | 2 组×20s |
| | | 臀肌桥—药球 | 2 组×20s |
| | | 泡沫轴仰卧挺髋 | 2 组×20s |
| | 平衡协调训练 | 原地前前后后摸脚跳 | 2 组×8s |
| | | 瑜伽球上双膝跪立 | 2 组×15s |
| 星期三 | 心肺耐力训练 | 法特莱克跑 | 25min 钟 |
| | | 1000m 中速跑 | 2 组 |
| | 快速伸缩复合训练 | 无预摆栏架稳定跳 | 4 组 |
| | | 有预摆栏架稳定跳 | 4 组 |
| | | 垫步前抛实心球 | 3 组×10 次 |